퇴곡리 반딧불이

유소림 산문집

퇴곡리 반딧불이

녹색평론사

책머리에

곳간에 쌓아두지 않아도

더위에 쫓겨 밭을 둘러볼 수 없던 며칠 사이에 바랭이들이 열무 포기만큼씩이나 벌어졌다. 퇴비 한 톨 뿌려준 적 없건만 텃밭에서건 꽃밭에서건 더위에도 가뭄에도 까딱하지 않고 오로지 번성, 번성하는 이 풀은 어디에서 이런 생명력을 얻는 걸까. 밭의 푸성귀들이 바랭이만 같다면야 농꾼들 죄 오뉴월 개팔자 되어 나무 그늘에서 낮잠만 자도 되지 않을까 싶다. 하지만 그런 바람은 애시당초 불가능한 것이다. 유전공학이니 생명공학이니 하는 최신 '공학'들이 우리들에게 그 비슷한 꿈을 꾸게 하고 있긴 해도 말이다. 바랭이가 그처럼 왕성한 생명력을 지닌 비결은 제가 만들어낸 것을 모두 제 몸 유지와 자손 퍼뜨리기에만 쓸 뿐, 인간들에게 나누어줄 맛있는 잎사귀나 달콤한 열매, 토실토실한 뿌리 따위에는 쓰지 않기 때문이니 사실 무슨 거창한 학문을 동원해서 밝혀 내려고 기를 써야 하는 대단한 비결도 아닌 것이다.

풀들이 만든 것에 의지해 사는 우리 사람들은 풀들이 제 몸을 유지하고 자손을 번성시킨 위에 인간에게도 나누어줄 수 있는 무언가를 더 만들 수 있도록 그만큼 공을 들이고 애써야 한다. 그 공들임에는 조금의 술수(우리는 '술수'라는 말 대신 효율을 높인다는 표현을 쓰고 있긴 하지만)도 통하지 않는다. 서로 서로 맞물려 기대고 부축해 돌아가는 이 세계의 둥근 고리 어느 틈새에서 '공것'이 그냥 불쑥 생겨날 수 있겠는가 말이다. 풀먹이짐승에게 우격다짐으로 육식을 시킨다면 우선은 빨리 자라고 살이 많이 쪄 전에 없던 공것이 생기는 듯해도 이 세계의 질서에 어긋난 그 공것은 우리 인간이 감히 짚어볼 수 없는 경로, 우리가 그 대응 방법을 모르니 재앙일 수밖에 없는 그런 경로를 통하여 고스란히 회수되고 만다.

올해는 날씨가 좋지 않았다. 퇴곡리의 날씨도 이십여년 전 부모가 모두 살아있던 시절과 많이 달라졌다. 봄부터 비가 한번도 흡족하게 내리지 않았고 영동지방의 봄을 괴롭히는 거센 바람도 보통은 오월 말쯤이면 잦아드는 법인데 올해엔 여름까지 시시때때로 불어댔다. 그 위에 시원찮은 장맛비가 그치더니 갑자기 폭염이 몰려와 해가 떠있는 동안은 밭에 나가보기도 무서울 지경이었다.

그런데 텃밭 농사는 '풍년'이다. 호박은 한두 개 달린다 싶더니 금방 정신없이 생겨나 주위 사람들에게 잡숴주세요를 빌어야 하고 쑥갓이나 상추는 아무리 따먹어도 다음날이면 더 무성해져 있다. 가지, 열무, 고추, 깻잎, 토마토 등등도 질세라 반찬을 쏟아내고 하지가 지나고부터는 감자와 강낭콩까지 가세해 도무지 무엇부터 먹어야 할지 모를 지경이다.

텃밭 반찬들은 무척 맛이 있다. 그 중에서도 올해 처음 심어본 오이는 놀랄 만큼 향기롭다. 그 오이는 종묘상에서 묘를 사온 게 아니라 아랫집 형님이 예전부터 심어온 토종 오이씨를 얻어 기른 것이다. 텃밭 가꾸기 책에 조금 어렵다고 표기된 오이를 처음 심어본 터라 과연 몇개나 달릴까 은근히 걱정이었는데 첫 오이를 조금 잘라 먹어본 순간 아, 바로 이 맛이야, 하는 탄성이 절로 터졌다. 기억 속에 아련히 남아있는 '옛날' 오이의 바로 그 맛, 첫맛이 어딘가 설핏 떫은 듯하다가 이내 향기로 변하고 고소한 뒷맛을 남기는 그 오이! 마트에서 팔고 있는 오이의 절반 크기인 이 귀여운 꼬마 오이는 노균병이니 진딧물이니 하며 속썩이는 일도 없이 쉴새없이 조랑조랑 달린다. 오이 뱃속에 빼곡하게 들어찬 씨 중에서 딱 한 알이 이렇게도 많은 오이를 낳으니 이 지구별은 얼마나 풍요로운 곳인가. 나는 매일 아침 텃밭가에 서서 이 지구별에 사는 목숨붙이들은 모두 곳간에 쌓아두지 아니해도 일용할 양식을 얻는 저 마태복음의 새들임을 실감한다. 그런데 이 풍요로운 세계에서 사람은 어쩌다가 온갖 사악한 방법을 짜내어 가축과 가금의 살을 찢어내고 갖가지 우악스런 짓으로 열매와 잎사귀를 뽑아내는, 그야말로 말세적인 생존 방법을 택하게 된 것일까.

장맛비가 그친 사이 하늘이 끝없이 푸르다. 그 푸르름 속에서 잠자리들이 날개를 반짝인다. 아름답다. 우리의 세계가 우리 가슴에 아름답게 느껴오는 까닭은 이 터전이 우리 사람의 머리만으로 가늠해볼 도리가 없는 깊고 깊은 신묘함에 싸여있기 때문일 게다. 만약 인간의 뜻대로 요리되고 조종될 수 있는 세계가 있다면 그곳은 기껏해야 컴퓨터 게임기 정도밖에 되지 못하는 지루하고 처참한 곳이지 않겠는가.

퇴곡리에서 세번째 여름을 맞고 있다. 퇴곡리를 나의 거처로 진지하게 생각하게 된 것은 나이 마흔이 넘어 어머니를 떠나보내고 나서였다. 늙은 부모가 있는 퇴곡리는 직장 다니랴 아이들 기르랴 살림하랴 정신없이 살던 나에겐 샘터와 같은 곳이기도 했지만 그 퇴곡리의 의미가 진정으로 내 가슴에 스며온 것은 부모가 모두 떠난 후였다.

어머니마저 떠나던 해 남편의 전근으로 동경에서 살고 있던 나는 가신 이에 대한 회한으로 《녹색평론》에 첫 투고를 했다. 그후 십오년이 지나 녹색평론사에서 퇴곡리의 이야기를 담은 산문집을 내도록 배려해주셨으니 퇴곡리와 《녹색평론》은 이미 오래 전부터 인연을 맺고 있었던 모양이다.

반세기 이상이 흐른 내 인생에서 가장 훌륭한 결정은 아무래도 퇴곡리에 돌아온 일인 것 같다. 나는 날마다 퇴곡리 듬바우골 분교 세세골 골에 계신 무수한 스승님들께 조금씩 배워가고 있다. 이곳을 떠나는 날까지 부디 이 배움에 게으름이 없도록 해주시기를 퇴곡리의 풀과 나무들에게 빌어본다.

(제1부는 《녹색평론》에 연재되었던 퇴곡리 이야기이고 2부와 3부는 주간 〈내일신문〉에 연재하였던 글 중에서 선별하여 가필한 것이다. 4부 역시 주간 〈내일신문〉에 4회에 걸쳐 실렸던 기행문으로 《녹색평론》에 전재되면서 글을 좀더 보탠 것이다.)

2008년 여름

빼꾸기 울음 울려오는 퇴곡리에서

두 손 모음

목 차

2 엄마의 수선화

3 저 들녘 벼이삭

4 캄보디아 여행기

1 퇴곡리 듬바위골 분교

퇴곡리 듬바위골 분교

지난해 강원도 퇴곡리에 집을 지었다. 아파트에 살면서 늘 흙 있는 집을 아쉬워하긴 했어도 그 소망을 이루기 위해 강원도까지 달려갈 필요야 없었겠지만 어린 아이들을 데리고 늙은 부모를 찾아가던 퇴곡리는 고향과 다름없는 곳이었다. 나는 두 사람이 가꾸던 풀과 나무들 곁에서 늙어가고 싶었다. 하지만 엄마 아버지가 말년을 보낸 조그만 집은 강릉을 찾아온 태풍으로 시리졌고 그 집이 서 있던 연곡천변은 여름이면 소란스러울 정도의 관광지로 변해버렸다. 나는 국도에서 걸어서 삼십분쯤 걸리는 퇴곡리 끝자락으로 들어갔다.

근방에선 듬바위골이라 부르는 골짜기의 상류였다. 그곳은 양지바르고 경사도 완만해 한때는 일고여덟 가구까지 살았다 한다. 어귀에 서 있는 서낭당은 그때의 영화를 말하는 듯했지만 지금은 주문진에서 들어온 노인 부부와 우리에게 땅을 판 아랫집, 새로 생긴 우리집까지 해서 겨우 삼가촌(三家村)이 된 곳이다.

나는 우선 꽃과 나무를 심었다. 스무 해가 넘도록 아파트 베란다 앞 조그만 풀밭에 이런저런 꽃을 심으면서 그 꽃들이 꼬마들의 장난질과 주민들의 무심함, 시도 때도 없이 오르내리는 이삿짐에 시달리는 양을 보아야 했던 나는 이십년 동안 간직해온 '기르고 싶은 꽃과 나무 리스트'를 활짝 펼치고 마음껏 욕심대로 심었다. 그러곤 반쪽만 남은 엄마의 옛 꽃밭을 찾아가, 돌보는 이 없이 풀 속에서 사라져가고 있던 꽃들을 옮겨왔다. 남의 나라로 시집와 모든 것을 오로지 견디며 한 생애를 살아낸 내 어머니가 좋아하던 꽃들. 나는 야마자쿠라(산벚) 밑에 아지사이(수국), 나데시코(패랭이꽃), 유리(나리), 라일락 그리고 오카자키 사요코가 사랑하던 무라사키(보라색)의 여러 풀꽃들을 심고 그 앞에서 두 손을 모았다.

다음은 농사였다.

이 땅의 농자(農者)들 앞에선 '농사'라는 말을 붙이기 죄스런, 다른 이들을 공양하는 농사가 아니라 순전히 저 혼자 좋자는 호사 취미의 수작이었지만 호미 자루 한번 쥐어본 적이 없는 나에겐 평생 처음의 농사였다. 부지런한 농꾼인 아랫집 아줌마가 오랜 세월 아끼고 보살펴온 땅을 사들였으니 그 땅에 번듯한 농사를 해야 하는 건 당연한 의무이기도 했다. 그러나 밭 한쪽은 굴삭기가 집 짓느라 긁고 다져놓아 '농사 놀이'라도 해낼까 싶었지만 아무튼 시작을 했다.

밖이 훤해지면 밖으로 나가 괭이질, 갈퀴질, 돌 고르기, 퇴비 뿌리기, 이랑 만들기, 풀 뽑기로 하루가 훌쩍 지나고, 저녁 밥상머리에서 끄떡

끄떡 졸았다. 그래도 다음날이면 생생하게 살아나 밭으로 달려나갔다.

괭이질 하다가 힘들어 잠깐 멈추고 고개를 들면 앞산자락 생강나무 노오란 꽃들이 나를 지그시 바라보고 밭고랑을 타고 나가노라면 어디선가 찔레꽃 향기가 번져온다. 머릿속엔 아무 생각도 떠오르지 않는다. 공연한 짜증과 사소한 분노, 남들 구경의 피곤함, 이유 없는 초조함 등이 머나먼 풍경으로 여겨진다. 왜 이리 좋을꼬. 이빨 빠지고 두 눈에 원시가 생긴 여자가 '새댁' 으로 불릴 지경으로(아랫집에선 나를 '새댁' 으로 불렀다) 상노인들뿐인 농촌에서 신선놀음에 빠진 도시 여자는 아직도 출퇴근에 시달리는 남편과 두 아들 녀석이 죽을 끓이는지 밥을 끓이는지 하고 있는 아파트의 일도 까맣게 잊었다.

그러나 씨감자 하나 자를 줄 모르는 내가 놀이 방법을 배울 데라곤 아랫집 아줌마밖엔 없었다. 나는 툭하면 쪼로로 달려가 미주알고주알 물었다. 묻는 것만으론 부족해 때때로 아줌마를 밭 가운데 초빙해 씨감자 심기며 고구마순 심기 따위를 실습하면서 언젠가부터 아줌마를 '형님' 으로 부르게 되었다.

도라지는 거름기 적은 밭에 심는다는 풍월을 듣고 종묘상에 가서 도라지 씨를 사면서 뿌리는 법을 물으니 뿌림골을 만들지 말고 그냥 한줄로 뿌리곤 비질만 살살 해주란다. 굴삭기로 다져진 곳을 며칠 걸려 낑낑대며 도라지밭으로 만들고 씨를 뿌리곤 비질을 하고 있으려니 형님이 슬몃 다가선다. "아서 아서, 도라지 씨가 아무리 서캐보담 잘다 해도 흙맛을 조금은 봐야 해. 손가락으로 골을 만들어 씨를 뿌리구 흙을 조금 덮고 살살 눌러줘." 형님은 호두나무 밑에 앉아 손가락 뿌림골을 만들고 있는 나를 물끄러미 바라보더니 "곧잘 하는구마" 칭찬해준다.

그런데 이십일이면 싹이 튼다던 도라지가 깜깜 소식이다. 눈만 뜨면 밭에 나가 샅샅이 살피는데 한달이 지나도록 기척이 없다. 씨가 엉터린가, 내가 뿌린 꼴이 시원찮았나, 혼자 은근히 안달증이 나는데 형님은 느긋하다. "때 되면 다 나와." 형님네 도라지밭에 가보니 작년 것은 벌써 새싹들이 머리를 가지런히 내밀었고 올해 것은 싹이 트려고 땅이 툭툭 갈라져 있다. 참 어여쁘고 신기하다. 여인네들 배도 아기 낳을 때가 되면 뱃살이 트는데 땅도 지금 그렇게 뱃살이 트고 있는 거였다. 형님네 밭 여기저기엔 벌써 무엇을 심었는지 싹들이 불쑥불쑥 솟아있다. "저건 뭐예요?" "아, 그거, 그건 다람쥐 농사야." 다람쥐란 놈이 지난 가을에 온갖 씨를 다 물어와 밭 여기저기 숨겨놓은 것들이 저렇게도 싱싱하게 싹이 텄단다.

하지만 내 도라지는 여전히 소식이 없다. 씨감자도 다 심고 첫봄 농사가 일단 마무리되어 아파트에 갔다 왔는데도 도라지는 시늉이 없다. 그런데 거의 포기해버릴 무렵 봄비 오시고 나더니 아아, 드디어 도라지밭이 갈라지고 싹이 텄다. 비질만 했던 첫 줄은 싹이 듬성거리고 손가락 고랑을 판 곳은 울타리처럼 촘촘히 돋았다. '비질 농법'은 책에 나와 있는 이론 농법이고 '손가락 농법'은 봄바람 심한 오대산 자락을 경험한 경험 농법이었던 게다. 싹이 트고 나자 이번엔 너무 싹이 촘촘한 게 걱정이다. 솎아줘야 하느냐 물으니 "아니야, 그냥 둬. 겨울 나면서 죽을 놈은 죽고 살 놈은 사니까. 옛날부텀 엄벙덤벙이가 농사 잘한다 했어" 한다.

형님은 자연의 능력에 깊은 믿음을 지니고 있었다. 봄가뭄을 걱정하며 도라지밭에 물을 줄까 어쩔까 할 때도 "사람이 무순 수로 당해내겠어?" 하는 게 형님의 대답이었다. 농사는 사람의 뜻대로 되는 게 아니고 자연의 능력이니 사람은 쓸데없이 집요하게 굴 게 아니라 그저 자연의 흐름을 따르면 된다는 뜻이었다.

형님은 뛰어난 선생님이었다. 내가 묻기 전엔 본인이 먼저 나서 가르치려고도 하지 않았고, 할 줄 아는 거라곤 '텃밭 농사' 따위의 책을 읽는 것밖엔 없으면서 '자연농법'이랍시고 밭을 잡초투성이로 만드는 도시 여자를 흉잡는 일도 없었다. 게다가 농사 기술만 가르치는 게 아니라 그때그때 농사철마다 주의해야 할 몸가짐도 알려줬다. 늦은 봄까진 눈곱파리나 깔다귀가 극성맞으니 반드시 긴팔 긴바지를 입고 목단추며 소매단추도 잘 잠글 것. 여름철엔 말벌이 무서우니 풀섶을 헤칠 일이 있으면 조심할 것(말벌에 쏘이면 온몸에 두드러기가 나고 호흡곤란까지 생겨 구급차 신세를 진단다). 처서 전후론 뱀들이 땅 속에 들어가기 전에 먹이를 많이 먹으려고 여기저기 돌아다니니 반드시 장화를 신고 다닐 것 등등. 그러나 그 선생님은 학교교육이라곤 입김도 쐬지 못한 사람이었다. 그래서 당신은 책을 졸졸 읽는 다섯살배기 손주만도 못하다 했다.

글을 모른 채 산다는 것. 그것은 학교를 스무 해 가까이 다니고 이날 이때까지 그 '글'이란 걸 끄적대며 살고 있는 나로서는 실감하기 어려운 생활이었을 테다. 하지만 내가 글이란 걸 배우고 그걸 읽어대며 사는 동안 형님은 호미를 쥐고 당신 몸으로 이 세계를 직접 체험했다. 내가 글로 세계를 읽어대며 무언가 점점 알게 된다고 착각하면서 어쭙잖은 이론으로 제 고집을 세우곤 우기고 으스대면서 저 혼자 들떴다 절망했다 하는 사이 형님은 구태여 모른다, 안다에 매달리지 않고 필요하면 한 땀 한 땀 잔누비질하듯 이 세계를 경험해왔던 것이다. 형님은 일평생 그다지 희망에 부푼 적도 그다지 절망에 빠진 적도 없는 듯했다. 형님은 학교교육의 혜택도 받지 못했지만 그 덕분에 학교교육의 해악도 받지 않은 사람이었다. 형님은 배웠다는 사람들이 지니고 있는 그 야릇한 자의식에 가득 찬 자존심이 아니라 어떤 요행도 바라지 않고 꾸준히 살아온 사람들의 자존심, 몸에 저절로 스며들어 자신도 거의 의식하지 않는 자기존중감을 지니고 있었다. 그리하여 형님은 무엇보다도 '자연스런' 사람이었다.

도시에선 모여들 앉으면 으레 무언가를 도모하는 이야기며 그 사업을 성사시키기 위한 정보와 기회와 연줄의 노림수, 그리 하고도 그 사업이 결딴나 울화 치미는 이야기로 버글대지만 형님에겐 도무지 무언가에 대한 노림수란 게 없다. 그러니 주눅들 일도 억하심정을 품을 일도 없다. 형님과 이야길 하고 있노라면 복잡야릇함에 억눌려 있지 않은 자연스런 인격이 주는 편안함이 느껴온다.

나는 처음엔 형님에게 글을 배워보시겠냐고 슬쩍 제의하기도 했다. 그러나 조금 수줍게 웃으며 아니야, 하는 형님을 보고 나선 그럴 필요가 없겠다고 생각하게 되었다. 글을 몰라 생활상의 사소한 불편이야 있겠지만 형님은 글을 아는 사람들보다도 훨씬더 이 세계를 깊게 이해하고 있었고 그런 세계에서 행복하게 사는 법을 터득하고 있었다.

“이 골짜기에선 상사화 잎사귀가 시들 때까지 봄바람이 불어. 아직도 잎사귀가 싱싱하니 바람이 한참 더 불어야 해. 앞산이 파아랗고 훤해지면 그때가 입하야.” 형님의 달력엔 그렇게 숫자 대신 초목이 있었다. 형님은 그 초목의 이름도 죄 알고 있었다. 책에서 알았을 리 없으니 오직 사랑하는 마음으로 그 하나하나를 기억해 나갔을 터였다.

형님은 우리에게 땅을 팔면서 당신이 기르던 마가목을 옮겨가고 싶어 했다. 나물하러 갔다가 몽당연필만한 것을 떠다 심은 지 십년이 넘었다 했다. 우리는 쾌히 그러시라 했지만 봄에 보니 그 마가목이 그대로 서 있다.

“왜 옮기지 않으셨어요?”

“그거 옮겨 가서 몸살 앓는 게 보기 싫어 그랬어. 보고 싶으면 언제든지 올라가보면 되니까.”

우리집 꽃밭에 자주 올라와 꽃을 쓰다듬곤 하는 형님에게 몇포기 나누어 드릴까 했더니 “아니야, 그냥 둬두 씨가 날아오겠지 뭐” 하는 대답이 돌아온다. 비 오시는 저녁이면 꽃빛이 더 좋다며 낡은 우산을 쓰고 우리집 마당까지 올라오면서도 그 꽃을 탐내지 않고 꽃이 사신의 꽃밭을 찾아와줄 때를 즐겨 기다리는 사람. 그저 활짝 핀 꽃만을 구경하는 게 아니라 씨앗이 싹트고 자라나 꽃봉오릴 맺고 그것이 피었다 시드는 꽃의 일생 전부를 지그시 눈여겨보고자 하는 사람. 그런 사람 앞에선 이것저것, 산꽃 들꽃 가리지 않고 잔뜩 심어놓은 우리집 꽃밭이 부끄러울 지경이었다.

형님은 주위의 모든 목숨붙이들을 평등하게 대하고 있었다. 자식들을 전부 분가시키고 혼자서 감당하고 있는 논농사가 점점 힘에 부치지만 "아침에 나가보믄 벼 잎사귀에 청개구리들이 조롱조롱 앉아있는 거, 그게 정말 이뻐서" 또 한 해 벼농사를 한다. 그 개구리들이 뱀에게 잡혀먹힐 때는 개액깨액 우는데 그 소린 정말 못 듣겠단다. 그래도 형님은 물뱀이 울타리에 걸려(형님네 논은 고라니와 멧돼지 방지용 그물 울타리를 쳐놓고 있다) 나가지 못하고 뱅뱅 돌면 그물을 들어올려 그놈을 나가게 해준다. "그것도 살려고 애쓰는걸."

형님은 강원도에서 태어나 오대산 밑자락 외진 골짜기에서 소 기르고 감자 짓고 꿀벌 치고 한때는 누에까지 치며 환갑을 넘겼다. 그이는 생태니 환경이니 하는 배운 사람들의 단어를 쓰는 적이 없었지만 뛰어난 생태적 감수성을 지니고 있었다. 그것은 소와 감자와 꿀벌과 누에에게서 저절로 얻은 감성이었다. 그 스승들은 형님에게 콩 심은 데 콩 나고 팥 심은 데 팥 나는 하늘의 이치만 가르친 게 아니라, 자지러지도록 바쁜 농사일 중에도 마당가에 꽃을 심고 그것을 물끄러미 바라보게 하는 여유와 심미안을 갖게 했을 게다.

감자싹이 돋아나고 채마밭의 푸것들이 쑥쑥 자랄 무렵이면 김매기가 시작된다. 형님은 감나무 아래 비탈밭에서 혼자 호미질을 한다. 이 산, 저 산에서 뻐꾸기가 울고 감나무 잎사귀가 반짝이는데 설그렁 설그렁 형님의 호미질 소리가 해종일 들려온다. 산 뒤편 현덕사에서 저녁 독경소리가 들려오도록 형님은 비탈밭에 혼자 있다. 스님의 구성진 예불소리는 서쪽 붉은 하늘 속으로 가마귀처럼 날아가는데 형님의 호미질 소리는 비탈밭 속으로 땅거미처럼 조용히 스며든다. 퇴곡리 듬바위골 분교. 이제 막 그 학교의 신입생이 된 나는 형님의 호미 예불 소리에 오래도록 귀를 기울였다.

벌들 죽어가는 날에

새파란 하늘 속에서 새빨간 감을 딴다. 장대 닿는 데만 따도 금방 두세 접이다. 껍질을 돌돌 벗겨 끈에 주렁주렁 꿰어 햇빛 좋은 창 앞에 주황빛 발을 드리운다. 풀 속에서 향기로 변해가고 있는 모과도 여남은 개 주워 사박사박 썰어서 백지 위에 고루 뿌려둔다. 탐스런 무청도 양껏 내건다. 고추밭으로 간다. 순도 백 퍼센트의 빨간 열매들. 더이상 익을 수 없게 익은 고추들을 반으로 갈라 자리 위에 펼쳐놓는다. 씨앗이 금쪽처럼 샛노랗다. 끝물 가지와 호박도 나붓나붓 저며 풍성한 가을볕을 듬뿍 들이마시게 한다. 밤나무 아래를 찾아간다. 그저 주섬주섬 주워 담아도 금세 바구니가 차오른다. 냇물 속에도 붉은 밤알들이 쌓여있다. 가슬빛 속에서 열매와 풀들이 말라간다. 공기 중에 엷은 여물 냄새가 떠돌고 그 내음새를 맡고 있노라면 배부른 풀먹이짐승처럼 행복하다.

하느님의 가을은 언제나 그처럼 풍성하게 시작된다. 하지만 그 풍요에 취한 다람쥐가 알밤의 하얀 속살까지 먹다 남기고 바위 옆에 들깨 한 옹큼을 버리고 갈 만큼 방만해질 무렵이면 하느님은 당신의 뜨락에 마지막 꽃을 피게 하신다.

꽃이 열매로 변하는 시절, 가을이 무르익도록 향그럽게 피어나던 배초향마저 마른 풀이 되어버리고 산국 홀로 꽃과 꿀을 지닌 꽃으로 남아 있다. 삽사름한 산국의 향기. '향기'라는 강렬한 명사가 그다지 어울리지 않는, 장미의 향처럼 분출하지 않고 조용히 폐 속으로 스며드는, 무언가 체취 비슷한 내음새.

가을비가 추적이다 잠시 그치면 나비들은 눈물바람으로 어미 젖꼭지를 찾는 갓난이들처럼 산국 꽃 속으로 파고든다. 세 마리, 네 마리, 다섯, 여섯 마리…. 그렇게 기쁜 시간이 흐르는 사이 언제까지나 나비들을 품어줄 것 같던 산국도 나날이 쇠약해져 꽃빛을 거의 잃어간다. 그래도 나비들은 며칠을 더 찾아와 시든 꽃잎을 핥는다. 이윽고 더이상 나비들의 자취가 보이지 않는다. 모두 어디로들 떠난 것일까.

떠나는 목숨붙이들.

그것은 낟알들이 풍성하게 익어가는 들에서 이슬이 점점 차가워져가는 한로 무렵부터 이미 시작되어 있었다.

말갛게 익은 강아지풀 위에 잠자리 한 마리가 죽어있다. 햇빛에 반짝이며 창공 속을 휘날던 한 생애가 단정한 죽음이 되어 사뿐 내려와 있다. 이슬이 마지막 몸을 보석으로 축복하여 벌레는 일생 그 어느 때보다 찬란하고 아름답다.

창 앞의 감들은 채반으로 옮겨져 점점 곶감이 되어가고 있다. 그 발간 건과 위로 벌들이 찾아온다. 나비들과 함께 산국에 찾아들던, 기다란 더듬이와 노란 띠가 어여쁜 금테줄배벌들.

벌들은 나비들이 떠난 뒤에도 어찌 견디어온 모양이지만 벌써 많이들 허약해져 있다. 달콤하게 익어가는 곶감 옆에서 벌은 더듬이를 조금 쓰다듬더니 꼼짝도 하지 않는다. 벌은 제 몸을 들어올려 곶감 위에 놔어주는 나에게 아무런 저항도 하지 않는다. 벌들이 죽어가고 있다. 현관에서도 쌍살벌들이 죽어간다. 그 정력적인 야생의 사냥벌들이 사람의 거처를 찾아와 흙 묻은 신발 옆에서 겸손하게 죽어가고 있다.

무청은 시래기가 되고 모과는 향기 높은 차가 되어 어두운 상자 안에 가지런히 갈무리되었다. 창 밖에 바람이 일렁인다. 잎새들이 나뭇가지를 박차고 일시에 날아오르는 새떼들처럼 밤나무를 떠난다. 그러곤 새들보다 아득하게 하늘 속으로 솟구치는 가랑잎들. 밤에 자리에 누워 그 이네들이 흙 위에 구르는 소리를 듣는다. 문득, 봇짐 하나 메고 정처없이 떠돌다가 토벽이 무너지는 산골방에서 하룻밤 쉬어가는 나그네인 듯싶어진다.

알 수 없는 이 그리움. 그저 한 몸뚱이 편하고 안전하게 간수하고자 지금껏 노심초사, 인생 대부분의 시간을 골몰한 나에게도 저 가슴 밑바닥에 그리움이 남아있는 건 그 무슨 연유인가. 어찌하여 가랑잎들 떠나는 소리에 이 가슴이 조여드는가. 꽃도 열매도 사라지고 벌과 나비도 다 사라진 시절, 몸 가진 것들을 먹이고자 햇빛을 빨아들이던 조그만 연두 알갱이들, 그 몸 아닌 몸까지 모두 벗어버리고 새보다 자유롭게 천지를 유행하는 가랑잎들.

가랑잎의 일군이 마당을 가로질러 또 어디론가 떠난다. 가랑잎과 함께 흐르던 어둠이 진동을 멈추고 안개처럼 바닥으로 가라앉는다. 잠시 귀를 기울인다. 멀리서 소나기가 몰려오는가. 영을 넘어오는 소나기인가. 언덕을 미끄러져 흐르는 모래알갱이들의 음향. 이윽고 그 소나기 방 앞에 당도하여 창 틈으로 가느다란 피리를 분다. 바람이다. 어디론가 날아가던 가랑잎들, 바람이 된 게다. 배초향과 강아지풀, 나비와 벌, 잠자리와 가랑잎들은 자취 없는 바람이 되어 나의 창 앞을 지나 마을과 언덕과 산을 지나 멀고 먼 길을 가는 게다.

그 바람 아래서 대지는 죽어가는 벌들처럼 평화롭게 쉬기 시작한다. 풍요에 들떴던 다람쥐들도 모두 잠들고 이제 겨울은 나무뿌리처럼 속으로 속으로 자라나 그 뿌리 땅 속 중심에 닿는 날, 바람이 되어 세계 끝까지 날아간 아름다운 목숨들은 천진한 아기가 되어 돌아오리니.

아기들아, 나날이 무디어져가는 내 가슴을 그 맑은 웃음으로 흔들어다오. 너희들 그 여린 몸으로 내 몸을 먹였듯, 너희들 그 영롱한 영혼으로 나의 잠든 영혼을 다시금 다시금 일깨워다오.

뒤뜰의 순례자들

집을 짓고 드디어 첫번째 봄이 돌아왔지만 생흙을 부어 만든 마당엔 잡초도 귀하다. 어쩌다 파란 것이 눈에 뜨이면 부지런히 들여다보는데 아이고, 그 지겨운 쑥이다. (이놈의 쑥, 우리 밭 사방팔방에 제멋대로 침입해서 끝도 없이 악착스레 내리뻗는 그 징그러운 뿌리를 가진 쑥. 그러나 그 쑥이야말로 진정한 개척자였으니 어찌하랴. 나는 이 두려움 없는 모험가들이 내 꽃밭 터에 거주하는 것을 당분간 허락하지 아니할 수 없었다.)

그래도 뒤뜰 돌 틈엔 식물의 잔해들이 흩어져 있다. 집터를 잡고 제일 먼저 쌓아올린 뒷산 발치 돌무더기들은 이제 두번째 봄을 맞이하고 있는 터라 그 사이에 얼마간의 풀들이 자리잡은 게였다. 겨울바람에 시달려 거의 검불이 된 마른 풀들을 살펴보니 역시 쑥이 제일 많고 간간이 강아지풀이 섞여있다. 밉상스런 쑥이지만 그놈들의 뿌리는 돌 사이의 흙을 단단히 붙잡을 게고 강아지풀은 귀엽기도 하니 그냥 두어두자 싶다.

그런데 삼월 어느날 꺼멓게 엉겨붙은 쑥대 앞에 거짓말처럼 보랏빛 제비꽃이 쏘옥 올라왔다! 아무것도 심지 않았는데 꽃이 혼자서 핀 것이다. 앞뒤로 꽃밭을 만들어놓고 이런저런 꽃들을 잔뜩 심어보겠다는 '원대한' 구상에 사로잡혀있던 나는 작은 풀꽃에 정신이 번쩍 들었다. 제비꽃은 난생처음 보는 꽃처럼 내 눈동자 깊숙이 들어왔다.

도시에서 태어나 대부분의 시간을 아스팔트 위에서 보내온 나는 꽃이라 하면 으레 돈을 치르고 사서 제가 정한 장소에 꼭 박아놓고는 제 좋은 식으로 키우는 것이려니 여기고 있었다. 한데 하늘과 땅이 번다한 인공물로 토막나지 않고 천지 산하가 서로 이어지고 어우러진 곳에 오니 꽃은 팔려오지 않고 스스로 찾아왔다. 내가 꽃을 선택하는 게 아니라 꽃이 나를 선택하는 게였다.

봄볕이 점점 따사로워지고 돌 틈 여기저기에 싹들이 돋아났다. 한 해 동안 그렇게 많은 꽃들이 뒤뜰을 찾아와 새봄이 오기만을 기다리고 있을 줄이야 나는 짐작도 못하고 있었다. 파릇파릇 볼깃볼깃, 반짝반짝 보슬보슬, 동글동글 뾰족뾰족한 싹들. 이 싹들은 어느 어느 곳을 돌아 어느 골짜기, 어느 바람결에 올라 이렇게 찾아와주셨는고. 아, 꽃들은 알 수 없는 방랑객, 아무 까닭도 없이 가슴에 선물을 꼬옥 안고 모르는 이들을 찾아다니는 신비한 순례자들. 이 세상의 하늘과 땅 사이엔 이렇게 아름다운 순례자들이 가득한 게다.

나는 풀들 앞에서 두 손을 모으고 인사를 했다. 처음 뵙겠어요. 아무

준비도 하지 않았는데 이렇게 찾아와주시다니 정말 염치없고 고맙습니다.

돌 틈의 작은이들은 저마다 제일 좋아하는 방식으로 선물을 나누어 주었다. 산괴불주머니는 서둘러 노란 꽃잎을 보여주곤 곧 자취를 감추었고 뱀딸기는 이 돌 틈에서 저 돌 틈으로 탯줄을 길게 늘여 귀여운 꼬마들을 많이 낳아주었다. 옹색한 자리에 겨울잎을 솜씨 좋게 펼치고 있던 달맞이꽃은 온 여름 내내 꽃공양을 하더니 늦여름부턴 잎사귀로 손가락만큼 굵직한 애벌레를 키웠다. 내년에 보여줄 특별한 선물을 벌써부터 준비하고 있는 참이었다. 달개비는 뒤뜰의 아침을 더욱더 신선하게 손질했다.

풀들은 꽃이나 피어야 겨우 그네들을 알아보는 나에게 오랫동안 즐거운 궁금증을 품게 하기도 했다. 나는 제가 무척 좋아한다는 마타리도 꽃피기 전 어린 풀일 땐 전혀 알아볼 수가 없었다. 어느날 갑자기 목이 길어지고 꽃망울들이 망글거릴 때야 비로소 화들짝 놀라며 그 '낯선 풀'이 마타리였다고 손뼉을 쳐댔지만 정작 피어난 꽃은 노랗지 않고 하얬다. 사촌 사이인 뚜갈과 마타리는 그렇게도 생김새가 비슷해 나는 그 둘의 모습을 세심하게 살펴야 했다.

초봄에 아주 가냘프게 올라온 기다란 싹이 바람에 쓰러질까 싶어 흙 한 삽 퍼올려주었지만 초여름에 꽃이 피고 나서야 그이가 좁쌀풀이란 걸 알기도 했다. 지난 새 집을 짓고 있을 때 집터에서 한참 떨어진 개울가 풀덤불 속에서 자잘자잘 봉오리를 맺은 좁쌀풀을 보긴 했어도 그 꽃이 어지러운 공사판을 지나 그렇게 찾아오리라곤 생각도 하지 못했다.

구절초는 그 누구보다도 오랫동안 궁금증을 품게 했다. 봄에 자라나는 잎사귀를 보며 산국이려니 했는데 늦여름에 돋기 시작한 꽃망울은 산국보다 훨씬 컸다. 누구신고. 그이는 가을도 제법 무르익은 다음에야 실처럼 가느다란 어린 꽃잎을 펴면서 제가 분홍 구절초임을 밝혔다.

구절초와 산국을 마지막으로 뒤뜰의 작은이들은 나를 위한 한 해의 잔칫상을 조용히 걷어들였다. 더러는 또다시 나그네길에 오르고 더러는 뒤뜰에 얼마간 더 머무를 테지만 분명 올해도 나 모르게 뒤뜰에 도착해 숨을 고르고 있는 새 손님들이 있을 터였다.

나는 태어나 반세기가 지나서야 비로소 처음으로 내가 태어난 세계의 푸른 동반자들을 진정으로 마주했다. 그이네들이 흙 속에서 얼마나 사랑스러운지, 햇빛 속에선 얼마나 기뻐하는지, 빗속에선 얼마나 생동하는지, 저녁이면 얼마나 향기로워지는지, 긴긴 장마와 한여름의 땡볕엔 어찌 지치고 어찌 견디는지, 꽃이 지고 나면 열매는 얼마나 아름다우며 씨앗은 또 얼마나 경이로운지, 그리고 할 일을 모두 마치곤 어떤 모습으로 물러서는지를 처음으로 바라보았다.

하늘이 마련해주는 물과 햇빛과 바람 속에서 살아가는 그이네들은 그 은혜에 민감하게 반응하며 아침과 저녁으로, 바람과 빗속에서, 햇빛과 이슬 속에서 시시각각 표정이 달라졌다. 잎사귀며 꽃잎은 물론 향기까지 달라졌다. 그이네들은 하늘의 눈짓 하나하나에 그렇게 쉽없이 변화하고 성장하여 한 해에 일생을 완벽하게 마무리했다. 그리하여 제비꽃 작은 풀꽃은 이 둥근 세계를 온전히 느끼고 온전히 맛보며 온전히 행복해져서 그 행복을 아무 까닭 없이 마음껏 나누어주고 있었다.

나는 내가 태어난 이 세계에 대해 얼마나 무심하고 둔감하게 지내왔는지를 그 풀꽃 앞에서 새삼 깨달았다. 이 세계, 한 순간만이라도 진정으로 돌이켜본다면 나의 몸과 마음, 나의 기쁨과 슬픔, 나의 분노와 절망, 나의 그 모든 것을 다 한다 해도 마침내 도달해볼 수 없는 이 오묘하고 오묘한 세계에 이렇듯 버젓이 생겨나 있으면서도 나는 햇빛 한번, 바람 한번, 흙 한번, 빗방울 한번, 진정으로 오롯이 느껴볼 염도 없이 그저 무턱대고 있었던 게였다.

겨우살이

방에서도 추웠다. 아침에 일어나면 입김이 하얗게 솟았고 윗목 걸레통 속 걸레들이 꾸덕꾸덕 얼어 있었다. 따스한 곳이라곤 장판이 꺼멓게 변해 있는 아랫목뿐으로 그곳에 늘 깔려있는 꾀죄죄한 이불 속엔 아이들의 열두 '가라리'가 얼크러 설크러 있기 마련이었다. 그 밀림 속엔 종종 놋주발도 함께 들어와 있었는데 '가라리'들이 서로 이불을 끌어당기며 킬킬대다가 밥그릇을 홀랑 엎어 이불에 밥알이 덕지덕지 들러붙는 일도 비일비재했다.

무릎 기운 내복 위에 '고리땡' 바지, 그 위에 엄마가 짠 털실 바지 또 하나. 그렇게 겹쳐 입고 양말 두 켤레(물론 기운 양말이다)를 신고 고무털신으로 중무장을 하고 뒤뚱뒤뚱 학교에 가면 운동장이 노르끄레한 연기로 매캐했다. 선생님은 아침마다 조개탄에 불을 붙이느라 수고가 막심하셨지만 이불도 뒤집어쓸 수 없는 교실은 집보다 더 추웠다. 중학교나 고등학교에 가서도 사정은 비슷했다. 난로의 혜택(그것은 혜택이라기보다는 피해에 가까웠다. 난로 바로 옆에 앉은 아이들은 열기에 취해 졸기 일쑤였으니 말이다)에서 먼 곳에 앉은 아이들의 손과 발은 '얼음이 박혀' 근질거리는 건 보통이었다. 그래도 도시락만은 죄 난로의 좌우 상하에 놓아둘 수 있었는데 그것도 전혀 문제가 없는 건 아니었다. "야, 밥 탄다. 밥 타. 빨리 바꿔라." 선생님이 수업하다 말고 경고를 하면 난로 옆에서 졸던 아이가 벌떡 일어나 벙어리장갑을 끼고 최전선에서 각종 냄새를 풍기고 있는 도시락들을 난로 옆자리로 위치 이동시켰고 뒤쪽 자리의 아이들은 제 도시락의 안위를 살피느라 목을 길게 뺐다. 그러나 누룽지와 짠짓국을 만들어대는 조개탄 난롯불도 오후가 되면 피시식 식어버려 마지막 수업시간쯤이면 아이들은 발에 장갑을 신기도 했다.

추위 고생은 한국인들의 배고픔이 웬만큼 해결된 뒤에도 제법 오래 남아있었다. 칠십년대 중반, 우리 가족은 마루에도 연탄난로를 두고 겨울을 비교적 따스하게 날 순 있었지만, 이 방 저 방 연탄을 계속 갈아대고 그 재를 처리해야 하는 수고는 그리 만만하지 않았다. 딸랑딸랑딸랑. 쓰레기차가 종을 흔들어대면 엄마와 나는 연탄재 바께쓰를 들고 밖으로 달려나간다. 그것을 낚아채듯 받아 쓰레기차 위로 슛, 골인시키고 순식간에 우리에게 빈 바께쓰를 돌려주는 청소 아저씨들의 솜씨는 정말 대단했지만, 온통 탄재가 휘날리는 추운 골목길에서 치르는 그 작업은 주부들에게나 아저씨들에게나 모두 힘겨운 일이었다.

내가 그 고생살이를 끝냈다고 생각한 것은 결혼해서 둘째까지 낳은 팔십년대 중반, 드디어 기름 때는 중앙난방식 아파트를 하나 마련했을 때였다. 그것은 중증 중독자들이 지금 이 순간에도 수많은 사람들을 죽이며 더욱더 많이 차지하고자 헐떡이는 그 기름에 발을 적시기 시작한 것이지만, 그때만 해도 나는 두 아이를 키우고 있는 우리 가정이 그런 돌파구 없는 아귀다툼의 세계에 편입된 것이라곤 조금도 생각하지 못했다. 그냥 기뻤다. 셋방살이가 끝난 것도 기뻤지만 연탄살이가 끝난 것도 기뻤다. 그 연탄이라는 것. 우리의 마지막 셋방살이 때는 연탄보일러라는 게 생겨나 '아랫목' 겨울에서 벗어날 수 있었지만 여전히 탄불 갈기와 연탄재 처리의 고역을 치르게 하던 연탄. 그러나 연탄은 바로 그 고역으로 하여 사람의 겨울을 그렇게 방만하고 경망스럽게 만들지는 않았던 게였다.

출퇴근을 하면서도 연탄불을 꺼뜨리지 않고 갈아 넣는다는 건 보통 일이 아니었다. 아침에 벌떡 일어나 번개같이 상을 차려 마파람에 게눈 감추듯 밥을 먹고 후딱후딱 바르고 그린 다음 하이힐까지 신고 최후로 연탄을 갈아 넣으려는데 아이고, 또 들러붙었다. 뭔놈의 찰떡궁합이라고 윗놈 아랫놈이 이다지도 쩔꺽 붙어 떨어지지 않는 거냐. 할 수 없다. 한 손엔 불덩어리를, 또 한 손에 식칼을 들고 주인집 대문 밖으로 나가 소림사 도사처럼 기를 모아 칼을 내리친다. 하지만 아뿔싸, 윗놈까지 박살! 에그그그, 부랴부랴 시뻘건 연탄 부스러기에 물을 끼얹고 비질 후딱 한 다음 그대로 버스 정류소를 향해 뛰는 수밖에. 냉골이 될 방 걱정은 둘째고 그 웬수 같은 연탄 때문에 금쪽 같은 시간을 날렸으니 또

지각이다. 이삿짐을 싸면서 나는 연탄이 우리집 부엌에 줄줄이 거느리고 있던 가지각색의 시종들 ― 연탄집게, 불집게, 삼발이, 두꺼비집, 꼬챙이, 재 국자, 재 바께쓰 등등과 미련 없이 결별했다. 고마웠어. 하지만 이젠 너희들 없어도 아무 걱정 없단다.

아파트에 가니 저녁마다 남편과 탄불 갈기 승강이를 하지 않아도 방이 뜨뜻했고 '뜨신 물'도 펑펑 나왔다. 연탄 아궁이에 물솥 올려 더운물 쓰던 때는 겨울에 아이 한번 씻길라치면 방으로 부엌으로 솥단지 들고 난리를 치러야 했는데 아파트에선 목욕탕이란 곳에서 뜨거운 물이 콸콸 나오니 흙강아지처럼 뛰노는 아이들을 언제라도 마음껏 씻길 수 있었다. 그런데 아이들이 뛰노는 아파트 마당이 점점 졸아들고 있었다. 집집마다 승용차를 '굴리기' 시작했기 때문이었다. 우리 아파트가 처음 분양될 당시만 해도 승용차란 특수층의 호사품이었으니 건설업자가 지하 주차장 따위를 생각했을 리 없었다. 실제로 입주해서 얼마간은 아이들이 자동차에 마당을 점령당하지 않고 마음껏 자전거며 롤러스케이트를 타고 다녔다. 우리 가족에게도 승용차라는 게 생긴 건 언니가 쓰던 차를 물려받은 구십년대 초였는데 이미 그 무렵엔 아파트 아이들에게 남아있는 공간이란 손바닥만한 모래밭 놀이터가 전부였다. 십년도 채 안된 사이에 한국인의 생활 양태는 그렇게 '기름지게' 되어버렸던 것이다.

어쨌거나 아침저녁으로 뛰어다니는 나에게 아파트는 편리한 주거지였다. 하지만 그 편리한 아파트에선 잠만 자고 벌떡 일어나 후다닥 뛰어나갔다가 헐레벌떡 돌아와야 했다. 그런 사이 우리의 겨울은 빠르게 달라져갔다. 그 겨울, 몹시도 추웠지만 아침에 눈을 떠보면 머리맡에 아름다운 성에가 찾아와 있던 어릴 적의 겨울. 밥 먹고 잠자고 뒹굴고 킬킬대는 게 전부였던 어린 나에게도 무언가 알 수 없는 곳, 아득한 그 어떤 곳의 숨결을 느끼게 하던 그 성에. 어린 나의 두 눈을 오랫동안 붙들어두곤 하던 그 신비한 겨울은 이미 아무 데에도 없었다. 내가 그 성에의 겨울을 새삼 그리워하기 시작한 것은 부모가 떠나고 내 나이 마흔을 넘어선 때부터였다.

먼저 아버지가 떠나갔다. 내 생애에 첫번째로 찾아온 그 영원한 이별은 그때까지 내게 일어난 어떤 사건보다도 나를 세차게 흔들었다. 식민지에 태어나 의로운 분노 속에 청년기를 보내고 자신이 확신하던 새 시대를 향해 평생을 다한 사람. 그런 아버지에게 나는 '속물' 딸이었다. 그 속물 딸은 아버지 죽음 앞에서 부끄러움에 많이 울었다. 몇년 후, 두번째 이별이 찾아왔다. 모든 것을 참고 견디고 살아내고 수용한 사람. 그런 엄마의 평생 앞에 서니 나는 속물도 못 되는 아예 '미숙아'였다. 아버지의 죽음은 당신이 평생 가르치려다 실패한 것들을 뒤돌아보게 했고, 엄마의 죽음은 당신이 애써 이해시키려 하지 않았던 것들까지 짚어보게 했다. 한 시대가 부서져나가는 혼란기를 삶이라는 종교의 진정성을 잃지 않고 정성을 다해 살았던 두 사람은 나의 미숙한 삶에 당신들의 죽음이라는 마지막 선물을 오롯이 부어주고 떠났다.

두 사람이 떠나버린 퇴곡리 겨울 계곡가를 혼자 걸어다니고 있노라면 갑자기 통곡이 터지기도 했지만 찔끔대던 눈물이 어느새 사라지고 점점 가슴이 평온해 오기도 했다.

계곡가의 마른 관목더미들 사이에서 작은 새들이 쪼알쪼알쪼알, 쉬지도 않고 종알댄다. 박새, 오목눈이에 참새까지, 족속도 다른 놈들이 서로서로 어울려 떠들더니 갑자기 조그만 화살촉들처럼 쌔앵쌔앵 허공 속으로 사라져간다. 순식간에 하늘과 땅 사이에 숨소리조차 뚝 그치고 추운 목숨붙이들 고단히 잠든 벌판에 쏟아져내리는 무한한 빛방울들…. 더이상 걸음을 옮길 수 없어 그저 겨울하늘을 올려다보면 새파란 얼음 속에 빈 나뭇가지. 잎사귀 하나 지니지 아니했으면서도 무성한 나무들이 보여줄 수 없는 그 무엇. 근본이라 할지, 근원이라 할지, 원래의 것에 아무것도 보태지 않은 소색(素色)의 모습을 하고 있는 그이들은 침착하고 부드럽고 무엇보다 섬세했다. 낙엽들 날리는 겨울나무 사이를 걷고 있노라면 여름풀에 가리워 보이지 않던 가느다란 옛 오솔길이 나타나기도 했다. 나는 그 길에 새삼 놀라는데 나무들은 조용히 서서 나뭇가지를 조금 흔들어 보일 뿐이다. 아, 나무들은 진작부터 길을 알고 있었던 게다.

겨울이면 삼라만상은 더 기특하고 더 자비롭고 더 평화로워졌다. 작은 새들은 나무 꼭대기에서 아침 햇살을 기다리며 서로를 위로했고 풀들은 제 몸을 벗어 발치의 어린것들을 감싸주었으며 계곡의 여울은 두꺼운 얼음 밑에서 사원의 관악기를 닮은 낮고도 투명한 읊조림을 들려주었다.

겨울은 깊어져가는 계절이었다. 겨울은 봄날의 눈부신 꿈도, 여름의 끓어오르는 열망도, 가을의 흐드러진 수확도 모두 품에 안아 그 아리땁고도 가여운 것들을 자상하게 잠재워 깊은 휴식을 맛보게 했다. 겨울은 허공 중에 일월성신이 생겨나기 전 그 차갑고 어둡고 까마득한, 그러나 어머니의 태중처럼 아늑한 세계를 향해 설핏 열려있는 바늘끝만한 문이었다.

겨울 아파트에선 내복이나 두꺼운 솜이불이 사라졌다. 사람들은 맨발로 지내며 딸기와 수박을 먹었다. 옆집 새댁은 반팔 홈드레스를 입고 있었다. 새댁은 배고픔을 격파하고 추위 서러움마저 깨끗이 물리친 장한 한국인의 뿌듯함을 과시하듯 하이얀 팔에 아기를 안고 나와 남편을 배웅하곤 했다. 사람들은 상전에게 모진 구박을 받다 고생 끝에 드디어 옛 상전 앞에서 돈자랑을 하게 된 종놈들처럼 겨울에게 아귀아귀 분풀이를 했다. 그러나 우리는 겨울이란 신비한 과일을 겨우 추위라는 겉껍질만 벗겨 먹고는 썩은 무처럼 쓰레기통에 처박은 것이었다.

점점 초라해져가는 겨울을 다시금 잠깐 누려본 것은 몇년 동안 동경에서 살게 되었을 때였다. 동경은 겨울에도 영하로 떨어지는 일이 거의 없었다. 하지만 별다른 난방장치가 되어있지 않은 일본의 주택들은 한국의 아파트에 비해 꽤 추었다. 우리는 일본인들이 옛적부터 써오던 '고다츠'라는 걸 하나 구입했다. 상판 밑에 발열기가 달려있는 테이블에 이불을 씌워 온기가 달아나지 못하도록 한 이 난방기구(옛적엔 화로가 들어가 있었단다)는 밥 먹을 때나 책을 볼 때 우리의 무릎을 충분히 따뜻하게 해주었다. 고다츠는 일본인들의 초절약형 아랫목인 셈이었다. 그러나 고다츠는 무릎만 따뜻하게 해줄 뿐이어서 방 안의 공기는 여전히 썰렁하다. 그 썰렁함을 보충하기 위해서 일본인들은 '소싯적'

겨울용품들을 그대로 활용하고 있었다. 겨울용 침구, 특히 요는 우리네 옛 솜이불의 두세배는 될 만큼 두툼했다. 두꺼운 내복과 두꺼운 잠옷(우리 어머니들이 갓난이의 겨울옷으로 쓰곤 하던 '융'이란 옷감으로 만든 잠옷이 많았다)은 물론 털실로 짠 덧버선이며 모직 슬리퍼 등은 동네 가게에서도 얼마든지 살 수 있었다. 잠잘 때 목과 어깨를 감싸주는 어깨걸이도 있었고 그 '유담포'—대형 번데기처럼 생긴 금속(혹은 자기) 통에 뜨거운 물을 넣어 책상 밑이나 이불 속에서 우리의 발을 따스하게 해주던 그 옛 물건, 우리나라에선 박물관에서도 볼 수 없을 그 골동품까지 버젓이 제 구실을 하고 있었다. '유담포'는 아직도 제법 사랑받고 있는 듯 백화점엔 동으로 만든 고급 유담포까지 나와 앉아 전통을 지닌 기물만이 가지고 있는, 무언가 운치 있고 은근히 다정스런 모습을 보여주고 있었다.

동경의 겨울, 아침에 이불에서 일어나 거실로 나가면 발도 조금 시리고 어깨도 허전하다. 그 어깨에 숄을 두르고 고다츠를 켜서 무릎을 넣고는 김이 모락모락 오르는 찻잔으로 먼저 손바닥에 온기를 전하곤 가만히 차를 마신다. 차가 따스하게 위장을 적시며 온몸에 온기를 퍼뜨리면 고다츠에서 일어나 복슬복슬 털이 달린 실내화를 신고 부엌에서 미소시루(된장국)를 끓인다. 생선 한 토막도 굽고 츠케모노(야채절임) 몇 조각과 김 서너장도 곁들여 아침상을 차린다. 고다츠 앞에 앉아 이타다끼마스, 두 손을 모아 음식을 잘 받겠다는 인사를 올린 다음 가만히 젓가락을 든다. 따스한 밥과 된장국으로 몸이 훈훈해지지만 공기는 여전히 조금 싸늘하다. 그런데 그것이 더없이 머리를 상쾌하게 한다.

저녁 네시만 되면 벌써 어두워지기 시작하는 거리에서 길고 구슬픈 소리가 들려온다. "야끼모, 오이모, 이시야끼모—" 군고구마, 고구마, 돌군고구마. 군고구마 장사는 산이 많은 동북부 지방 농민들이 겨울이면 고향을 떠나 에도에서 돈벌이 하던 대표적 일거리였다는데, 지금도 군고구마 장수들은 그 에도 적 떠돌이들처럼 구슬픈 노랫가락으로 장사를 하고 있다. 물론 지금은 라이브가 아닌 녹음 공연이지만 음률만은 그런대로 유지하고 있는 야끼모 장수의 가락은 종종 내 가슴에 향수를 일으키기도 했다. 구슬픈 소절을 몇번 반복하고 나선 "이랏샤이마세, 이랏샤이마세, 뽀까뽀까 오이시이데스요(어서 오세요, 어서 오세요, 따끈따끈 맛있습니다)" 하는 간드러진 장사치의 녹음 인사말엔 피식 웃음이 터지고 말지만 아무튼 동경 야끼모 장수의 그 가락은 겨울의 냄새를 얼마간 지니고 있었다.

일본인들은 그렇게 나날의 사소한 감상들을 소중하게 여기는 모양이었다. 동지 무렵 어둑발이 내리면 사방이 찻길인 우리 만숀(맨션)에 딱딱이 소리가 들려온다. 한국에선 벌써 이삼십년 전에 사라진 그 딱딱이 소리다. 밖을 내다보니 초롱불까지 앞세운 서너명의 딱딱이꾼들이 지나간다. 동리 친목회에서 하고 있는 불조심 캠페인인 게다. 목조건물이 많은 일본에선 겨울이면 불조심이 무척이나 강조되고 있지만, 이런 딱딱이 행렬은 화재예방이라는 실용적 효용말고도 한 해를 보내는 사람들의 가슴을 쓰다듬는 정서적 효용도 갖고 있다. 단조롭지만 슬며시 가슴을 가라앉히는 그 소리는 우리집 앞을 지나 서서히 멀어져간다. 그렇게 동네 이벤트가 며칠 계속되다가 연말을 이삼일 앞두곤 경쾌한 종소리가 들려온다. 달랑달랑달랑, 꽁무니에 예쁜 종을 매단 빨간 소방차가 골목골목을 누빈다. 이번엔 구청 차원의 연말 서비스다. 써늘한 방에서 그런 '세모의 소리'를 듣고 있노라면 겨울은 제법 겨울다운 향취와 함께 깊어갔다.

퇴곡리는 눈이 많은 곳이었다. 퇴곡리에 살 때 엄마는 겨울이면 비상식으로 찰떡을 만들어두곤 했다. 혹시나 눈이 많이 와서 길이 막히거나 전기가 끊어질지도 모를 때를 대비해서였다. 몇번인가는 눈이 창문까지 쌓인 때도 있었다. 엄마가 홀로 된 후에도 그렇게 눈이 많이 온 때가 있었는데 동네 사람들이 외딴집에서 혼자 살고 있는 할머니를 걱정하여 삼일씩이나 걸려 길을 뚫고 엄마를 찾아오기도 했단다.

엄마 떠나고 십여년 뒤 퇴곡리에 집을 지은 나는 조금 설레는 마음으로 겨울을 맞이했다. 첫 추위가 왔다. 하수도가 어는 제법 센 추위였지만 그 추위가 가시고 나자 그다지 추운 일이 없었다. 눈도 적었다. 퇴곡리는 겨울 동안의 눈으로 봄가뭄을 벌충하는 곳인데 눈이 적어 새로 심은 나무와 봄작물들이 고생을 해야 했다. 그런데 두번째인 이번 겨울엔 아예 추위가 없다. 눈은 십이월에 한번 내리곤 일월을 건너뛰더니 이월에 들어서 한번, 그것도 아주 조금 오다 말았다. 그나마 기온이 높아 쌓이지도 못하고 깨끗이 사라졌다. 기온이 높다면 비라도 와야 되는데 비도 없다. 눈이불을 덮지 못하고 산그늘 밑까지 앙상하게 드러나 있는 산골은 너무도 쓸쓸하고 메말라 보인다. 계곡엔 살얼음도 끼지 않는다. 엄동이라는 일월에 마당에서 벌이 폴폴 날아다니더니 이월에 들어서자

매화 꽃봉오리가 엄청 부풀었고 싹들이 솟으려는지 푸석한 도라지밭에 줄이 가기 시작한다. 흙과 가까이 있어보니 우리네 환경이 얼마나 빠르게 변해가고 있는지 실감하게 된다. 최근 몇년 동안 우리의 겨울이 동경의 겨울만큼 더워진 것이다. 동경의 후배에게 전화를 했다. 그쪽은 어때요? 언니. 기분 나쁠 정도로 뜨뜻해. 어떤 집에 해바라기가 다 피었다니까.

유엔의 기후보고서가 발표되었음에도 신문엔 벌써부터 매일 에어컨의 전면광고다. 날이 더워질수록 대박 터지는 장사라 기가 펄펄 사는 모양이다. 지금 당장 눈앞에 번득이는 이익과 제 몸뚱이 하나 외엔 아무 관심도 없는 이 무지막지한 용기. 하지만 나는 이제 그런 용기에 위축되지 않는다.

추운 곳과 더운 곳이 있는 지구별에 생명이 있다면 그 더위와 추위는 생명의 조건일 게다. 우리의 별이 지니고 있는 그 모든 것은 이 별에 거주하는 모든 주민들의 탄생 조건이리니 사람이 그 중 무엇을 취사선택할 수 있겠는가. 우리에게 가능한 것은 오로지 그 조건을 온전히 살아내어 겨울엔 겨우살이를 하고 여름엔 여름살이를 하는 것뿐. 부풀어오른 매화 봉오리를 바라본다. 탈없이 잘 필 수 있을까. 물론 필 게다. 이 무한한 우주 속 티끌 같은 사람의 가엾은 짓거리가 어찌 이 세계의 한순간인들 교란할까 보아 걱정한다는 거냐. 꽃은 필 게다. 아름답게 필 게다.

뱀

퇴곡리 집에서 처음으로 뱀을 본 것은 늙은 호두나무 아래에서였다. 오죽이 제멋대로 돋아나 있고 이끼 낀 바위들이 이리저리 뒹구는 데다 줄딸기가 엉클어져 있어 뱀들이 좋아한다는 곳이었다. 특히나 독사들이 즐겨 찾아오니 풀이 무성한 동안은 출입하지 않는 편이 좋다고 우리에게 땅을 판 아랫집 형님이 충고한 바로 그곳이었다.

늦은 봄, 뱀 꼬리는 바위 틈으로 스며들듯 사라지고 있었다. 거무튀튀한 꼬리는 꿈틀거리지도 않고 천천히, 비늘 끝 하나 미동하지 않은 채 금속처럼 차가우면서도 명주실처럼 부드럽게 스르르 미끄러져 들어갔다. 그렇게 꼬리 끝이 사라지자 바위들은 주문에 따라 닫혀버린 비밀통로의 출입문들처럼 굳게 입을 다물었다. 뱀들이 사라지는 곳, 사람의 발이 함부로 디뎌서는 아니 되는 곳…. 뱀이 사라져간 곳을 얼마 동안 바라보고 있노라니 두려움인지 감동인지 알 수 없는, 내 가슴속에서도 어떤 비밀의 문이 설핏 열린 듯한 이상스런 두근거림이 아련히 퍼져왔다.

두번째로 뱀을 만난 것은 우리가 수시로 드나드는 헛간 바로 앞이었다. 뱀은 헛간 출입문 앞 구멍 속으로 기어들어가고 있었다. 얼마간 떨어진 곳에서 그 광경을 발견한 나는 그만 비명을 내지르고 말았다. 호두나무 아래에서 뱀을 보았을 땐 그저 침을 꼴깍 삼키기만 했는데 헛간 앞 뱀 꼬리에 비명을 지른 것은 그 꼬리가 제법 꿈틀대기도 했지만 그것보다는 은밀해야 할 뱀이 사람의 살림살이 한복판에서 너무도 적나라하게 존재를 드러냈기 때문이기도 한 것 같았다.

헛간은 바람에 지붕이 날아가버린 별채 자리에 지었다 했는데 땅 속에 옛 구들이 그대로 남아있는 까닭에 뱀의 거처가 되고 있는 모양이었다. 뱀이 사라지자 나는 가까이 다가서 구멍을 살펴보았다. 너무도 아무렇잖은 조그만 구멍. 그런 구멍도 뱀의 침실이라는 '비범한' 곳으로 통할 수 있는 거였다. 어쨌거나 뱀이 헛간 앞에 살고 있으니 이를 어쩔꼬. 구멍을 틀어막아버릴 수도 있겠지만 산목숨을 생매장할 수는 없는 노릇 아닌가. 그래도 무언가 조처는 취해야겠기에 조그만 돌멩이로 구멍을 살짝 덮어놓는, 별 효과 없을 짓을 해두었나. 그런네 돌이 금방 치워졌다. 뱀이 외출한 모양이었다. 호오, 이것 봐라. 은근히 재미가 난 나는 두세번 돌멩이 장난을 더 했는데 돌은 언제나 치워졌다. 뱀은 그렇게 그 구멍을 들락이고 있었다. 뱀은 그곳이 꽤나 마음에 든 게였다. 허참, 뱀도 방을 하나 구해 살면서 배고프면 나가서 밥벌이 하고 배가 차면 제 집에 돌아와 몸을 뱅글뱅글 오그리고 잠이 든다 생각하니 날름대는 혓바닥과 꿈틀대는 몸뚱이를 가진 그놈에게도, 우리집 개만큼은 아니더라도, 같은 세계에서 살아가는 목숨붙이로서 어떤 안쓰러움이 느껴진다.

나는 헛간을 드나들 때마다 뱀 구멍을 한번씩 쳐다보곤 했다. 그랬더니 우리 발 밑, 저 땅 속에 가지가지 목숨붙이들이 살고 있다는, 사십여 년 전 일찍이 초등학교에서 배운 그 사실이 놀라운 발견처럼 새삼 떠올랐다. 내가 밟고 있는 이 땅 속에서 지금 누가 숨쉬고 있을까. 뱀, 두더지, 들쥐, 땅강아지, 개미, 지렁이, 굼벵이 그리고 무한에 가까운 박테리아들…. 줄줄이 떠오르는 이름들에 나는 깜짝 놀랐다. 그랬다. 나는 너무도 오랫동안 사람의 공간에만 갇혀있었던 거다. 인간의 공간을 가능하게 하는 인간 아닌 존재들의 공간, 특히나 제 눈에 보이지 않는 땅 속 세계에 대해선 새까맣게 잊고 있었던 거다. 쉰살이 넘도록 도시라는 곳에서 뱅뱅거리고 있던 나는 발 밑이라 하면 제일 먼저 전깃줄이나 통신선 혹은 오물로 가득한 하수관이나 떠올리게 되어있었다. 아름답지 못하거나 거추장스런 것들은 모조리 땅 속에다 은폐시킨 후 그 위를 아스팔트와 시멘트로 견고하게 봉해버리곤 그렇게 토막나고 격리된 공간을 인간의 온갖 영화로 치장한 도시에서 지내온 나는 어느새 아스팔트 위를 달리는 자동차의 타이어만큼이나 우둔해져 있었던 거다.

제 집이 발각된 뒤에도 여전히 그곳을 드나들며 살고 있던 뱀이 어느 날부터인가 보이지 않게 되었다. 헛간 앞을 조금 파헤쳐야 할 일이 생긴 뒤였다. 뱀이 이사 갔구나. 아니, 우리가 이사 오기 전부터 그곳에 살고 있던 뱀은 개발업자에게 쫓겨나는 '원주민'처럼 우리에게 쫓겨간 게였다. 뱀이 이렇게 사람들에게 쫓기고 있는데도 우리는 왜 뱀만 보면 잡아 죽이려 하는 걸까. 독사는 위험하다손 쳐도 사람 손에 죽어가는 뱀 중엔 독사보다는 보통 뱀이 더 많은 걸 보면, 뱀의 죄명은 인간 마마들의 오감에 불유쾌함을 끼친다는 '괘씸죄'인 게다.

해가 바뀌고 봄이 되었다. 뒤뜰을 내다보고 있으려니 뱀이 구불구불 산으로 올라간다. 헛간 앞을 떠나 어디에서 겨울을 난 걸까. 발도 없는 뱀이 용하게도 제법 빠르게 산행을 한다. 그러고 나선 줄곧 산에 머무는지 우리집 마당엔 모습을 드러내지 않았다. 봄도 지나고 장마가 시작되었다. 음식찌꺼기를 버리려고 마당 구석의 퇴비더미 덮개를 걷었더니 놀랍게도 뱀이 그곳에 있다. 뱀은 풀더미 사이로 몸을 스르르 감출 뿐 도망가지도 않는다. 나는 뱀이 인간을 경원해 재빨리 자릴 피했으면 하는데 뱀은 피하기는커녕 다시 슬금슬금 나타난다. 이번엔 아예 머리를 내보이면서 빨간 혓바닥까지 날름댄다. 머리는 조그마하고 동그스름하다. 직사각형의 네 모서리를 얌전히 접어들인 듯한 길죽한 머리가 무척이나 온순해 보인다. 하지만 아무리 뱀에게 적의를 품지 않았다 해도 뱀을 안아올릴 순 없는 노릇이라 하는 수 없이 남편을 불렀다. "어떡하면 좋지?" 남편은 기다란 막대기를 가져와 뱀을 산 쪽으로 힘껏 내던졌다. 산 밑자락에 뚝 떨어진 뱀은 나무뿌리 옆 구멍 속으로 슬금슬금 사라졌다.

비가 잠시 그쳤다. 나는 뒷산 무덤가로 향했다. 이른 봄부터 제비꽃이며 솜나물, 구슬봉이 따위 잔잔한 풀꽃들이 피어나던 무덤가에 지금쯤은 무슨 꽃이 피었는지 궁금했다. 야아, 타래난이다. 기다란 꽃줄기를 뱅글뱅글 휘감아오르는 조그만 분홍빛 꽃계단들. 오랜 장마로 꽃빛이 엷어지긴 했어도 작은 풀꽃은 여전히 신기하고 사랑스럽다. 환성을 올리며 타래난에 다가서던 나는 주춤 걸음을 멈추었다. 뱀이었다. 뱀은 내 발걸음에 스르르 몸을 옮기는 중이었다.

뱀은 추웠던 게다. 길고 긴 장마에 몸이 식어버린 뱀은 따스함을 찾아 퇴비더미 속으로 기어들었고 그곳에서도 내쫓기자 잠시 비 그친 틈을 타 어찌 온기라도 모아볼 양으로 뗏장도 거의 벗겨져나간 옛 무덤가, 비에 흠씬 젖은 맨땅 위에 몸을 옹송거리고 있었던 거다. 나와 한가지로 몸뚱이를 지닌 탓에 추위에 떨면서 먹이 물고 오는 어미를 기다리는 새끼새처럼 햇살을 기다리고 있는 뱀. 신의 정원에선 누구나가 다 그렇게 어린 목숨이 되는 것이다.

나는 뱀을 더이상 방해하지 않고 무덤가를 떠나오며 뱀이 어서 기운을 회복해 저 늙은 호두나무 아래에서 다시금 위험스럽게 꿈틀대기를 빌었다. 뱀은 하느님 앞에서 그렇게 충분히 온순했으니 우리 인간들 앞에서까지 온순해질 필요는 없지 않은가 말이다. 산 것들은 모두 신의 정원에서 동무가 되는 게지만 이 세상에서 동무 되는 법은 한 가지 방식만 있는 건 아니다. 개는 내 얼굴을 핥으며 나와 동무가 되고, 뱀은 저 은밀한 바위 틈으로 차갑게 사라지면서 동무가 된다. 그리하여 나는 개의 우정에서 친밀을 맛보고, 뱀의 우정에선 저 알 수 없는 가슴 떨림을 맛보는 것이다.

나비

사십여일 동안 장마가 지속되고 있다. 텃밭에선 상추와 호박이 곤죽이 되었고 꽃밭에선 참나리 꽃봉오리가 벌어지지도 못하고 뚝뚝 떨어져나갔다. 도라지밭 한가운데로 도랑이 생기고 돌층계 밑에선 샘이 터졌다.

잠자리 한 마리가 현관 앞 원추리 잎사귀에 붙어서 꼼짝도 하지 않은지 이틀째다. 비에 젖기 시작했을 낸 은가루가 뿌려진 듯 어여쁘던 날개 위에 지금은 차돌 같은 물방울들이 주렁주렁 매달려있다. 이런 상태론 더이상 버티지 못할 거라고 걱정하고 있는데 구름 사이로 잠깐 햇살이 새어나오자 잠자리는 금방 날개를 털고 날아오른다. 벌레는 이틀 동안 아무것도 먹지 못한 채(아마도 긴 장마에 더 오래도록 굶었을지도 모른다) 줄곧 장맛비 속에서 떨었음에도 실낱 같은 햇살에 담박 기운을 차리는 것이다.

표범나비들도 비가 잦아지자 갑자기 큰까치수염 위에 나타났다. 풀꽃도 장마에 지쳐 기다란 꽃차례 끝에 겨우 몇 송이 작은 꽃을 남겼을 뿐인데 나비들은 가까이에 있는 사람에게도 그다지 마음쓰지 않고 허겁지겁 주린 배를 채우고 있다.

벌레들은 아이들 손에도 쉽게 상해버리는 연약한 몸을 하고 있지만 그 여린 몸의 강인함은 언제나 우리를 놀라게 한다. 늦가을 최후까지 피어있는 산국에 네발나비며 작은멋쟁이나비들이 찾아온다. 나비들은 가을의 끝자락이 아주 사라질 때까지 열심히 열심히 꿀을 빨아댄다. 가을이 아주 가버리고 말면 산국마저 시들어 사라지지만 그 나비들은 꽃잎 같은 날개가 달린 가냘픈 몸 그대로 남아 꽃가루 한 톨 먹지 못한 채 노천에서 겨울을 견디어낼 것이다. 그 나비들뿐이 아니다. 무당벌레나 쌍살벌, 각시메뚜기 등 많은 벌레들이 알이나 번데기가 아닌 맨몸의 어른벌레로 그렇게 겨울을 난다.

겨울날 하룻밤이라도 노천에서 잠들면 그대로 얼어 죽기 십상인 우리 인간들의 처지에서 보면 벌레들의 그런 생명력은 거의 공포스러울 지경이다. 하지만 아무 까닭 없이 풀이 돋아나 모든 산 것들을 먹이는 이 세계에선 풀들이 언제 어느 곳에서건 번창하여 제 구실을 다 하도록 풀의 중신아비인 벌레들도 그토록 완강한 목숨을 지니고 있는 것일 게다. 이른 봄 산그늘 잔설을 헤치고 풀꽃들이 피어났을 때 즉시 그 꽃에 날아와줄 벌레들이 없다면야 풀들의 갸륵한 노고가 무슨 쓰임이 되겠는가 말이다. 첫봄 풀들과의 만남을 위해 벌레들은 긴 동안거(冬安居)에 들어 그렇게도 정진에 정진을 거듭하는 것이다.

칙칙한 단색의 풍경을 황량한 바람이 쓸고 간다. 숲은 해쓱하게 여위고 얼어서 푸석해진 흙 위에 헐벗은 나무들의 흐릿한 그림자가 드리워졌다가 이내 사라지고 또다시 바람이 목덜미를 파고든다. 사람의 감각에 느껴지는 겨울 벌판은 이렇게 황량하고 메마르기만 한데 작은 벌레들은 어디에서 겨울을 살아내고 있다는 걸까. 습관에 젖어버린 우리의 게으른 눈은 이 겨울 벌판에 스며있는 미묘한 장소들을 알아채지 못하는 게다.

초겨울, 동쪽 숲 사이로 붉은 기운이 피어오르기 전에 텃밭에 나가본다. 아, 서리가 텃밭에 나뒹구는 검불마다 순백의 초정밀화를 그려 놓았다. 여름날 타오르는 그 어떤 꽃잎이 이 얼음꽃보다 더 아름다울 수 있을꼬. 얼음나라의 은밀한 화공들은 첫 햇살의 감촉에도 오염되고 만다는 듯 서둘러 돌아가버리지만 이 연약한 이들은 조그마한 내 텃밭도 전부 동일한 세계가 아님을 아름답게 보여준다. 그네들은 텃밭 근처의 개울이나 바위, 나무 한 그루에도 예민하게 반응함은 물론 텃밭에 흩어져 있는 돌멩이나 죽은 나뭇가지, 마른 풀이나 낙엽의 크기나 부피에 따라서, 또 그것들이 서로 모여있고 떨어져 있는 양상에 따라서 하나하나 다른 그림을 그려낸다.

그런 게다. 이 세상은 마른 풀 몇 가닥, 낙엽 몇 잎, 몇개의 돌멩이로도 오롯이 생겨나는 색색의 장소로 이루어져 있는 게다. 요즘의 우리 종족들은 그렇게 제각각 다른 장소들을 알아볼 수 있기엔 지나치게 둔감해져 버리고 말았지만 조그마한 차이까지 민감하게 느낄 수 있는 나비들은 헐벗은 겨울 벌판에서도 너끈히 그네들의 삶터를 찾아낸다.

남향받이 고구마밭을 지나는데 두렁길의 시든 풀줄기들이 잠시 들썩인다. 나비다. 산국에 최후까지 날아들던 네발나비 한 마리가 찢겨진 날개를 가늘게 떨면서, 뻘 속으로 몸을 감추는 작은 게처럼 솜씨 좋게 마른 풀 속으로 파고든다. 겨울 거처를 알아본 이 기특한 나비는 이제 돌아오는 첫봄 찢긴 날개로도 무사히 첫꽃들을 찾아갈 게고, 꽃과 나비는 그 사랑으로 티끌보다 많은 이 세계의 목숨붙이들을 부축하는 또 한 해의 공양을 시작하리라. 마른 풀과 낙엽과 돌멩이들. 그리고 꽃과 나비들. 이 세계는 그렇게 사소하고 연약한 힘이 뭇 생명을 떠받치고 있는 기적의 세계이다.

"너희는 어찌 그다지도 신심이 없단 말이냐?" 당신께서 몸소 물 위를 걸어 보이시며 이 세계가 기적의 세계임을, 이 세계의 존재는 모두 당신처럼 물 위를 걷고 있는 신비한 존재임을 애써 보여주려 했던 한 성인께서 그렇게 탄식하신 지 이천년이나 흘렀건만, 이 종족은 오늘도 여전히 그렇게 눈 감고 귀 막은 채로 갈수록 불행에 빠져들고 있는 것이다.

뱀허물쌍살벌

우리 아파트 근처 개발제한지역의 야산에서 처음 본 벌집은 길이가 족히 사십 센티미터는 될 만했다. 잎사귀들이 서로 얼크러져 보이지 않던 벌집이 나뭇가지가 성글어지면서 드러난 것이었다. 마침 날씨가 갑자기 초겨울처럼 추워져 벌들은 서로서로 머리를 파묻고 엉덩이만 들어올린 자세로 모여있어 언뜻 보면 빽빽하게 돋아난 조그만 독버섯들 같기도 했다. 집으로 돌아와 그 벌레의 정체를 알아보니 뱀허물쌍살벌이란다.

쌍살벌은 나비의 애벌레 따위를 잡아먹는 사냥벌로 묘한 '아마조네스' 사회를 꾸리고 있다. 봄에 겨울잠에서 깨어난 암벌은 나무껍질을 잘게 씹어 만든 '펄프'로 방 몇 칸의 조그만 집을 짓고 방마다 알을 하나씩 낳는다. 알에서 애벌레가 깨어 나오면 어미는 사냥한 벌레를 입으로 짓이겨 애벌레에게 조금씩 떼어 먹인다. 이렇게 하여 첫딸들이 태어나면 이들이 어미의 육아를 도와가며 점점 식구를 불려 기다란 집을 지어 나간다. 여름이 끝날 무렵이면 어미는 막내딸 알을 낳고 죽어버리지만 언니벌들은 동생벌을 기르는 한편 스스로도 무정란으로 수벌을 낳는다. 수벌들은 무위도식하며 살지만 막내딸 벌들을 수태시킨 후엔 집에서 내쫓긴다. 늦가을, 언니벌들도 다 죽고 수태된 막내딸 벌들이 남아 다음 봄까지 나무껍질 틈 둥지에서 겨울을 견디어낸다.

나는 사진기를 들고 거의 매일 그네들을 찾아갔다. 처음엔 사진 찍기도 두려웠지만 자주 만나고 있는 사이에 점점 거리를 좁혀가며 사진을 찍게 되었다. 벌들은 부동의 자세로 몰려있다가도 날이 따스하면 멀리 외출에 나섰다. 하지만 벌집의 식구들은 눈에 뜨이게 줄어갔다. 언니벌들과 수벌들이 죽어가기 시작하는 모양이었다. 드디어 때죽나무 잎사귀가 다 떨어져 벌집이 완전히 드러났다. 그러곤 차가운 비가 내렸다. 걱정스런 마음으로 벌들을 찾아갔더니 어머나, 벌집이 사라지고 없다. 사람이 벌집을 나뭇가지째 뜯어간 것이었다. 아직은 집이 좀더 필요할텐데 사람이란 족속들은 그 따위 쓸데없는 짓들을 잘도 한다. 근처를 살폈더니 벌집이 달려있던 때죽나무 앞 참나무 둥치에 벌 서너 마리가 옹송거리고 붙어있다. 얼마간 서성대고 있으려니 벌 몇 마리가 날아들었다. 언니벌들인 게였다. 벌들은 붙어 앉아 서로를 핥기도 하고 부르르 날개를 떨기도 했다. 벌들은 그렇게 나무둥치에서 며칠을 더 견디더니 어느 쌀쌀한 날 모두 어디론가 떠나버렸다. 벌들과 만난 지 한달여 만의 이별이었다.

뱀허물쌍살벌들을 다시 만난 건 다음해 늦봄 퇴곡리 집 뒷베란다에서였다. 어미벌은 벽돌담에 벌써 방이 쉰 칸쯤 되는 길이 십 센티미터 정도의 집을 지어놓았고 딸벌들도 몇 마리 태어나 있었다. 날은 점점 따스해지고 벌들은 부지런히 집을 드나들며 알과 애벌레를 돌보고 있었다.

그런데 참으로 끔찍한 일이 일어났다. 말벌 한 마리가 날아들어 애벌레를 잡아먹기 시작한 것이었다. 크기가 거의 어른 엄지손가락만한 걸 보니 아마도 장수말벌인 듯했다. 어른벌들은 말벌 앞에서 날개 하나 까딱하지 못했다. 살육이 한창일 때 벌 한 마리가 날아와 말벌 주위를 몇 바퀴 돌았다. 어미벌인 듯싶었다. 그러나 어미벌의 위협은 말벌을 저지하기엔 턱도 없었다.

나는 어느새 뱀허물쌍살벌들과 정이 들어있었다. 몸집은 작았지만 등판에 검정과 노랑의 기묘한 얼룩무늬를 지닌 뱀허물쌍살벌들은 야수의 치장을 한, 저 전설 속 밀림의 여전사들을 생각나게 했다. 그 여전사들은 어미와 집을 잃고서도 끈끈한 자매애로 끝까지 살아내지 않았던가. 그런데 그 여전사들이 지금 또다른 사냥벌인 말벌에게 공격당하고 있는 것이다. 어른벌들이 지켜보고 있는 그 앞에서 애벌레가 말벌에게 무차별로 잡아먹히고 있는 그 충격적인 광경은 정말 이 세계가 무자비한 폭력에 도리없이 지배되고 있는 곳임을 증명이라도 하는 듯했다.

정말 우리의 세계는 폭력이 질서인 곳인가. 아니, 아니나. 노대체 그럴 수가 없다. 뱀허물쌍살벌이 나비의 애벌레를 먹고 말벌은 쌍살벌의 애벌레를 먹는 그 삶의 방식이 인간들의 폭력 — 중중층층으로 신비하게 얽혀져 있는 이 우주의 그물을 제 이득(이라고 제멋대로 판단한 것)

을 위해서라면 주저없이 바꾸고 끊고 기분대로 이어붙이는 것이야말로 인간의 자랑스런 능력이라고 믿는 그 무지막지한 어리석음 — 과 동일한 것이라면 삶은 이미 우리의 세계에서 깨끗이 사라져 버렸을 게 아닌가.

이윽고 말벌이 물러갔다. 그러나 뱀허물쌍살벌 일가는 몇차례 더 침입을 당했고 드디어 쉰 칸의 방이 모두 텅 비고 말았다. 딸벌들까지 모두 잡아먹힌 겐지 집엔 어미벌 혼자 앉아있다. 그러곤 아무 일 없었다는 듯 뒷베란다엔 평온한 시간이 흘렀다.

목욕탕에서 머리를 감다가 무심코 창 밖을 내다보았더니 앞쪽 벽에 방 서너칸의 조그만 벌집이 달려있다. 아, 그 어미벌이 이사한 게 분명했다. 처음엔 벌 한 마리가 혼자 앉아있더니 얼마 후에 보니 식구가 조금 불었다. 때때로 어미벌은 옛집에 가서 혼자 앉아있기도 했다. 새 집은 가을까지도 옛집의 크기를 회복하지 못했다. 그래도 그곳은 더이상 침입당하는 일 없이 끝까지 무사했다. 어미벌은 끔찍한 변을 당했지만 그렇게 집을 다시 짓고 딸들을 낳아 다음 세대에 '삶'을 전해준 것이었다. 뱀허물쌍살벌의 애벌레를 잡아먹었던 말벌도 물론 그 사냥으로 제 새끼들을 길러냈을 터였다.

누구는 먹고 누구는 먹히며 누구는 살아남고 누구는 쫓겨난다. 물론 모든 벌들은 살아남기 위해 최선을 다한다. 하지만 벌들은 먹는 쪽도, 먹히는 쪽도, 남는 쪽도 쫓겨나는 쪽도 모두 그것뿐, 누가 강하고 누가 약한지에 대해서는 관심이 없고 강자가 되려는 야심 또한 없다. 쫓겨난 벌이라 하여 원한을 쌓지도 않고 남은 벌이라 해서 권세를 부리지도 않는다. 먹힌 벌에게 '약자'라는 이름을 붙이고 먹은 벌에게 '강자'라는 이름을 붙여 '약육강식'이란 단어를 만들어낸 건 하느님이 아니라 우리 인간들이다. 뱀허물쌍살벌은 나비 애벌레 은덕에 살아가고 말벌은 쌍살벌 애벌레 은덕에 살아간다. 그렇다면 누가 강자이고 누가 약자인가. 벌들은 약육강식에 순종한 것이 아니라 삶의 그물망 속에서 각자의 생애가 맡은 임무를 충실히 완수했을 뿐이다. 벌들의 먹고 먹히는 것, 남고 쫓겨나는 것 모두가 삶의 전승이라는 공동의 목적에 이르게 하는 불가사의한 과정이었던 게다. 그것은 자신을 떠받치고 있는 온갖 그물망을 스스로 찢어내 자멸에 이르게 하는 인간의 폭력이라는 단어와는 아무 관련도 없는, 오히려 서로에게 몸을 내어주는 보살행에 가까운 것이다.

서로에게 몸을 내어주는 그 보살행으로 하여 저 원시 바다 속의 박테리아들은 오늘날 사람이라는 생명체로까지 꽃피어 왔다. 삶을 위해 모든 것을 바치면서 벌레들은 먼지 한 알갱이만큼씩 변화와 진보를 이룩해왔던 게다. 아, 우리 사람이란 이 행성 위의 모든 목숨들이 사십억년 동안 치러낸 헌신을 딛고서 최후에 생겨난 그런 존재인 것이다. 그런 존재에게 꼭 '만물의 영장'이란 작위를 주고 싶다면 그래도 좋다. 하지만 그 영장이란 지위가 어찌 만물을 제 수중에 움켜쥐고 제멋대로 지배한다는 그런 저급한 권력욕을 위한 것일 수 있겠는가. 오히려 그것은 저 원시의 바다에서 생명의 탄생과 함께 시작된 변화와 자기 성장의 뜨거운 열망을 최후까지 이룩해내야 할 더없는 의무를 뜻하는 것일 게다. 천산산맥 흐르는 모랫벌을 가로지르는 실크로드가 지상의 영화를 탐하는 인간의 욕망을 위한 길만이 아니라 목숨까지 기꺼이 바치는 구도자들의 길이기도 했다는 사실은 우리 가슴 저 밑바닥에 사십억년 동안 쌓인 그 열망이 굳건히 자리하고 있음을 증명하는 것일 게다.

구름이에게

너 그 산골에 혼자 있니? 무섭지 않어? 퇴곡리 집에 친구가 전화를 해서 묻는다. 혼자 아니야. 우리 개하고 같이 있어. 그런 내 대답에 친구는 혀를 차며 사람 아들은 내버려두고 개 아들만 끼고 있다고 야단을 친다. 나는 그렇게 '개 엄마'로 통하고 있었다. 개는 내가 부모의 딸로 태어나기 전부터 우리집 식구였다. 그리하여 인형 대신 강아지를 업고 다니면서 시작된 나의 개 엄마 이력은 사람 엄마 노릇을 거의 벗어날 무렵까지 끝나지 않았다.

"어머나야, 뭐 이렇게 생겼어?" 기다란 허리는 기둥 몇개를 빼먹은 부실 교량처럼 휘청거리고 사지는 발인지 다리인지 분간하기 힘들게 짤막하다. 주둥이는 둥그런 그릇으론 밥먹기 어렵지 싶게 기다랗고 그 끝에 달린 새카만 코는 거의 솔방울만하다. 게다가 쌍꺼풀 수술에 실패한 듯한 작고 까만 눈은 무뚝뚝하기만 하다. 운반용 개집에서 슬금

슬금 기어나온 그놈은 개미핥기라 했어도 맏었을 만큼 '신기한' 모습이었다. 강아지라 하기에 작고 귀여운 놈이려니 했는데 이건 언밸런스의 총집합체에다 아파트에서 기르기엔 제법 크기까지 하다. 그러나 도리가 없었다. 우리집 큰애가 나와 아무런 의논도 없이 외국에 있는 제 사촌이 기르던 강아지를 맡겠노라 해서 이 짐승은 비행기 화물칸에서 열여덟 시간을 견디고 김포공항 검역실에서 일주일을 더 견딘 끝에 내 앞에 나타난 것이었다. 나는 하는 수 없이 허리가 기다란 그놈을 내 무릎위에 올려보았다. 개는 몸뚱이가 길어 편안히 앉지도 못하고 엉거주춤했다. 그렇게 시큰둥하게 우리집 식구가 된 그 개는 곧이어 갖가지 말썽을 일으켰지만(그놈은 수놈 사냥개로 한창 이빨이 근질거리는 일곱달배기였던 것이다) 무엇보다도 큰 골칫거리는 기차 화통 같은 그놈의 목청이었다.

꽝꽝꽝꽝. 그놈이 느닷없이 짖어대면 우리집 앞을 지나가던 아이가 놀라서 울음을 터뜨렸다. 신문배달, 자장면 배달, 물장수, 우체국 아저씨, 세탁소, 교회 전도사, 우유 아줌마, 계단을 오르내리는 수많은 이웃들의 소리가 들릴 때마다 이놈은 죽어라고 짖어댄다. 수의사에게 물었더니 닥스훈트라는 족속명의 그놈은 원래가 고집이 세고 목청이 커서 아파트에서 기르기엔 그다지 적당한 개가 아니란다. 쌀집 아저씨가 왔다. 멀리서 오토바이 소리가 들릴 때부터 짖기 시작한 개는 아저씨가 아파트 문을 들어서자 미친 듯이 짖는다. "짖지 마"를 대여섯번 외치던 작은애가 드디어 견디지 못하고 운동화짝을 들어 개를 서너번 후려팼다. 아저씨가 돌아가고 보니 개가 내 책상 밑으로 쫓겨가 있다. 개는 바들바들 떨면서 안절부절못하는데 불그스레한 눈꺼풀로 반쯤 덮여 거의 사팔뜨기가 된 개의 눈엔 초점이 없다. 아아, 그 표정이라니! 그저 사람에게 얻어먹으며 때때로 쥐어터지는 게 극히 자연스런 생존방식으로 여겨지고 있는 단순한 짐승이 이토록 고통스럽고 비참한 표정을 하고 있다니. 아니야, 아니야. 괜찮아, 괜찮아. 나는 개를 끌어안고 한참을 달랬다.

그러나 그런 일이 있고 나서도 개는 그다지 얌전해지지 않았고 용변 습관도 완전하지 못했다. 내가 속해 있던 신문사 일로 해외에 나갈 일이 생겼다. 일주일쯤 후에 돌아와보니 개는 일 미터도 못 되는 짧은 끈에 묶이어 오물과 함께 베란다에서 살고 있었다. 주부가 없는 동안 시중들고 보살피는 일에 그다지 재주가 없는 남자 셋이 해놓은 짓이었다. 개는 나를 보자 펄쩍펄쩍 뛰어올랐고 나도 뛰어가 개의 짧은 끈부터 풀었다. 개는 나를 물고 핥으며 몸을 떨고 숨을 헐떡였다. 개는 그날부터 나의 '아들'이 되기로 결심한 듯했다. 개는 아이들이나 남편이 제 '엄마'에게 친밀감을 표시하면 송곳니를 드러내며 질투를 했다. 욕실 앞에선 '엄마' 옷을 지키고 있다가 '엄마'가 나오면 발등에 남은 물기를 핥아주었다. 그러나 나에 대한 개의 신뢰는 그런 애착보다는 어떤 불복종에서 더욱더 확고하게 느껴졌다. 개는 아이들이 부르면 열번이고 다가가는 시늉을 하지만 내가 부를 땐 제 기분이 내켜야만 응했다. 개는 어미의 애정이란 절대복종 같은 전제적인 규율 따위를 준수해야만 베풀어지는 그런 사랑이 아님을 터득하고 있는 모양이었다.

나는 철도 없이 사람 어미 노릇을 시작했다. 아침엔 핸드백 들고 뛰고 저녁엔 장바구니까지 들고 낑낑대던 나는 두 아이에게 젖을 물려본 적도 없었다. 젖은커녕 한밤에 아이에게 우유병을 물리고 있다가 내가 먼저 졸기 일쑤였다. 그러곤 둘째가 태어나고 그 아이들이 손톱 밑이 새카맣고 언제나 꼬질꼬질한 동네 꼬마가 되고 갖가지 준비물도 많았던 초등학교를 지나 게임이니 포르노니 하는 각종 폭발물들에 치명상을 입지 않고 그 사악한 입시 전쟁터를 빠져나올 때까지 내가 어미로서 맛본 건 태반이 불안함뿐이었다. 그래도 아이들은 어찌어찌 커서 이젠 저놈들 빨리 독립해 나갔으면 하는 나이가 되었는데 개 한 마리가 나타나 새삼스레 새끼 노릇을 하는 것이었다. 그러면서 개는 내가 허둥지둥 사람 어미 노릇을 하느라 미처 알지도 못하고 맛보지도 못한 것들을 보여주기 시작했다.

구름이는 내가 조금 한가한 시간을 보내고 있으면 용하게 알아차리고 내 무릎 위로 올라오고 싶어했다. 내 방 구석 방석 위에서 나의 한가함을 기다리고 있던 구름이는 내 무릎 위에 올라와선 더없이 사랑스런 눈으로 나를 올려다보다간 뺨을 한번 핥아준다. 엄마, 그렇게 불러놓곤 살짝 웃어 보이는 것이다. 나는 점점 구름이 엄마 노릇에 빠져들고 있었다. 아무런 기대도, 아무런 불안도 없이 그저 지금 이 자리에 함께 있다는 사실로 하여 맛보는 행복감. 지금 곁의 존재에게 터럭 하나 더하거나 뺄 필요도 없이 그저 있는 그대로 완전히 만족한다는 이 기쁨. 그것은 성인들이 말하는 '조건 없는 사랑'의 기쁨에 가까울 듯싶었다. 우리 인간이란 존재가 허망도 하여 가까운 사이일수록 더욱더 제 기대와 욕심을 투사하며 언제나 서운함을 앞세우고 말지만, 한 마리의 개에겐 그 따위 부질없는 소망을 접게 되니 그런 기쁨을 맛보게 되는 터였다. 자식은 아기였을 적에 평생의 효도를 다 한다 했던 옛노인들의 말도 제 품에 안긴 무능력한 아기 또한 그런 행복감을 맛보게 한다는 뜻이었음을 나는 가슴치듯 깨달았다. 나는 그런 아기 엄마 시절을 허둥대며 고달파 하며 게다가 만인 대 만인의 경쟁 속에서 자식을 키워야 한다는 중압감에 시달리며 그만 영영 놓쳐버리고 만 것이었다. 나는 구름이를 안고 있다가 문득 젖을 물려보고 싶다는 충동을 느꼈다. 괴팍한 여자라는 소리를 들을까 두려워 그런 충동을 누구에게도 발설할 순 없었지만 나는 나의 허둥대던 아기 엄마 시절이 내 아이들만 아니라 나 자신에게도 지울 수 없는 허전함으로 남아있음을 뒤늦게 깨닫게 되었다. 제 몸 속에 또 하나의 생명을 맺어 제 몸을 먹여 키워내는 그 가장 짐승스러우면서도 더없이 순결한 사랑의 기쁨을 맛보는 것은 아마도 이 세상 수수가지 목숨붙이들 중에서도 젖먹이짐승만이 누릴 수 있는 특권일 게였다. 나는 그 특권을 놓쳐버린 쓸쓸한 젖먹이짐승이었던 것이다.

구름이는 하루에 두번씩 나와 함께 산책을 했다. 그것은 기가 센 사냥개를 달래볼 양으로 산책 갈 때마다 종종 데리고 다니다 보니 개에게 어느새 흙 위가 아니면 볼일을 안 보는 습관이 생겼기 때문이었다. 아니, 그것은 습관이 아니라 개의 본성이었다. 내가 외출에서 아무리 늦게 돌아와도 개는 보고 싶은 걸 꾸욱 참고 나만 기다리고 있었다. 아이들이 끌고 나가려 해도 개가 막무가내란다. 나는 비가 오나 눈이 오나 사시사철 하루에 두번 '개똥 산책'을 나간다는 참으로 기막힌 고역을 짊어지게 되었다. 그러나 어찌할 것인가. 사람이란 야릇한 문명체는 시멘트 덩어리 속에서도 잘 먹고 잘 살지만, 개라는 순수한 자연물은 최소한 흙냄새라도 맡아야 신진대사가 돌아간다는 것이었다. 그런데 희한하게도 그 고역이 나도 모르는 사이에 어떤 즐거움으로 화해 갔다.

밖에 나온 구름이는 꼬리를 흔들며 신나게 달려가선 목마른 이가 샘물 마시듯 풀 속에 코를 들이대고 킁킁거린다. (그리하여 구름이는 아파트 현관 유리문에 부딪쳐 날지 못하게 된 박새를 구해내기도 하고 죽은 새끼고양이를 찾아내 땅에 묻힐 수 있게도 했다.) 그러곤 나뭇잎도 쳐다보고 바람 구경도 하다가 제 마음에 드는 장소를 발견하면 몇번 엉덩이를 실룩이곤 천천히 똥을 눈다. 날이 추울 때면 그놈 궁둥이에선 김이 모락모락 피어오른다. 인간의 문명에 의해 가장 비천한 것으로 규정되어 우리의 시야로부터 최대한 신속하게 치워 버려져야 하는 그 순환의 고리가 지금 편안하고 따스하게 만들어지고 있는 것이다. 물론 문명에 속한 나는 잽싸게 비닐봉지를 꺼내야 하지만, 그때마다 문전옥답 개똥밭이라는 말이 떠올라 그 비닐봉지가 떨떠름하기만 했다.

나는 구름이를 퇴곡리에 데리고 갔다. 개들이 흙바닥에서 먹고 자는 퇴곡리에, 사람 집안에서 먹고 자는 아파트 개를 데려간다는 건 조심스럽기도 했다. 그런데 다행히도 아랫집 형님이 구름이를 예뻐했다. 처음엔 구름이를 보고 이게 무슨 두더지여 너구리여 했지만, 그 두더지가 이내 형님네 노랑이와 친구가 된 것이 기특했던 모양이었다. 노랑이는 눈까지 노오란 잡종 발발이로 우리에겐 웬만해서 다가서지 않았지만 구름이만은 썩도 좋아했다. 구름이는 사람하고만 살아온 탓에 아파트 마당에서 제 동포(그것도 이성의 동포)를 만나도 도통 무관심하더니 퇴곡리 집에 와선 수놈인 노랑이와 단박에 정이 통해 서로 앞으로 타고 뒤로 타고 엎어지고 자빠지며 '견견상열지사'까지 내보이는 것이었다. 그런 꼴을 보더니 형님이 걱정한다. "야야, 우리집 노랑이는 생전에 옷 한번 빨아 입히지 않았는데 구름이 니 냄새나지 않나. 니는 적어도 일주일에 한번은 빨아 입지 않겠나?" 물론 나도 그렇게 바지런한 에미가 아니라서 상호간에 냄새 걱정은 없었다. 구름이는 노랑이와 줄곧 어울려 다녔다. 날이 어둑해지기 시작했다. 그런데 구름이도 노랑이도 돌아오지 않는다. 이리저리 찾고 다니는데 집배원 아저씨 말이 구월사 골짜기에 누렁개 두 마리가 놀고 있다는 거다. 구월사까지는 호젓한 산길로 사람 걸음으로도 삼십분 가까이 걸린다. 동무가 된 아파트 개와 산골 개는 그 길을 내려가며 무슨 이야기를 했을까. 구름이에겐 이제 저희들끼리만 아는 이야기를 나누는 동무가 생긴 거였다. 퇴곡리 집에 갈 때면 구름이는 국도에서부터 벌써 꼬리를 흔들며 좋아하다 차에서 내리기가 무섭게 노랑이를 찾아 형님네로 달려갔다.

칠월 복중에 잠시 아파트에 올라갔다가 퇴곡리 집으로 돌아왔더니 노랑이가 보이지 않는다. 집에 돌아오지 않은 지 일주일이라 했다. 올무에 걸린 게 아닐까 하여 근처 산을 찾아다녔지만 허사였단다. "묻어라도 주려고 열심히 찾았는데… 요즘 같은 날씨엔 일주일이면 벌써 없어져 버려." 구름이는 형님네 마당을 기웃거리다가 그냥 올라오곤 했다. 그러나 다음날 아침이면 제일 먼저 형님네로 다시 내려갔다. "야야, 니 우리집 노랑이 찾아왔나? 사람보다 니가 훨 낫구마." 노랑이는 형님의 말벗이며 은근한 자랑이었다. "우리 노랑이는 욕발이 좋아 내가 뭐라고 한마디만 야단쳐도 다시는 같은 짓을 하지 않아." 노랑이는 욕발만 좋은 게 아니라 민첩성도 좋아 형님네 들깨를 훑어가는 다람쥐들을 번개같이 쫓아냈다. 그런 노랑이를 잃은 형님은 구름이를 점점더 귀여워했다. 구름이는 김매는 나에게 제 궁둥이를 바짝 들이대고는 내가 자리를 조금씩 옮길 때마다 저도 자리를 옮겨 앉았다. "이눔아, 엄마가 그리 좋냐?" 형님의 그런 나무람 속에는 노랑이에 대한 아쉬움이 담겨있었다. 형님은 혀를 끗끗 차며 구름이의 주둥이를 쓰다듬었고 구름이는 그런 형님을 바라보며 꼬리를 살레살레 흔들었다. 삼가촌(三家村), 앞 못 보는 남편과 둘이 살고 있는 형님과 구름이는 노랑이를 잃은 슬픔을 함께 나누고 있는 게였다.

구름이는 어느새 늙은 개가 되었다. 어릴 때의 그 천방지축 말썽도, 산책 나가 빈 논을 열 바퀴 스무 바퀴 달리던 그 혈기왕성함도 보기 힘들어졌다. 두 손과 두 발이 새하얘졌고 얼굴에도 흰 털이 부스스하다. 흰 수염도 돋았다. 뒤통수엔 사람의 백발처럼 흰 털이 희끗희끗하다. 헤아려보니 구름이가 우리집 식구가 된 지 십일년이었다. 늙어가는 구름이는 나의 말을 완벽하게 이해했고 구태여 말을 하지 않아도 상대를 이해하고 따스하게 해주는 능력은 더욱더 풍부해졌다. 구름아, 왜 밥 흘리고 먹니? 그렇게 말하면 구름이는 내 얼굴을 한번 쳐다보곤 제 밥그릇 밑바닥에 붙어있는 밥알 하나까지 깨끗이 먹었다. 내가 카메라 가방을 메고 나서면 제가 따라나설 산책이 아님을 알고 그냥 눈인사만 보냈다. 늦가을날 사진 찍는답시고 퇴곡리의 산과 들을 헤매다가 돌아오면 구름이는 현관 사잇문을 주둥이로 밀고 뛰어나와 겅중대며 좋아했다. 그 모습은 차가운 손을 잡아주며 얼른 따끈한 차를 끓여주는 동무처럼 내 가슴을 따스하게 했다. 가을비가 그쳤다. 나는 구름이와 산책에 나섰다.

내 산책길의 가장 오랜 동반자는 구름이였다. 아이들은 산책길에 따라나서기보다는 아직은 인간의 영광에 열중하고 있었고 남편은 이 풍진 세상에 처자부양이 우선이었으며 친구들도 부천 구석이나 퇴곡리의 내 산책길에 함께 하기는 쉽지 않았다. 숲속은 싸늘하고 축축했다. 인간의 말은 아랫집 형님과 이야기 나눌 때만 잠시 쓰일 뿐인 이곳 산골에선 혼자 기어가는 벌레의 모습에도 내 가슴엔 고독함이 아득하게 밀려왔다. 그러나 그 고독함은 허기진 위장의 쓰라림 같은 그런 고통이 아니라 무언가 우리 존재의 근원에 자리한 차갑디 차가운 샘물, 그 얼음 같은 차가움은 손끝을 저릿하게 하지만 우리의 영혼을 더없이 투명하게 하는 그런 샘물과 같았다. 구름이는 천천히 숲속을 걸으며 간간이 고개를 들어 바람 냄새를 맡고 먼 하늘을 바라보곤 했다. 숲속에서 구름이는 최고의 동반자였다. 곁에 있어도 없는 듯 아무런 방해를 하지 않았고, 없는가 싶어 바라보면 언제나 내 곁에 있는 구름이는 문득 침묵에 잠긴 늙은 은자처럼 여겨지기도 했다. 우리의 폐 속에 죽어가는 나뭇잎의 향기가 스며들고, 간혹 날카롭게 찍찍대는 다람쥐와 추운 듯 깃털을 부풀리다가 포로롱 날아가버리는 작은 산새는 모든 산 것들에게 연민을 품게 했다. 산 것들 죽어가는 이 가을날에 누굴 싫어하고 누굴 미워할 수 있으리. 바람이 분다. 나뭇가지에서 후두둑 떨어지는 물방울이 세례 요한처럼 내 이마 한가운데를 적신다. 구름아. 앞서가는 개를 불러 세워보니 구름이도 빗방울로 얼굴이 얼룩얼룩하다. 나는 웃으며 구름이를 부둥켜안고 우리는 잠시 서로에게 온기를 전해준다. 구름이는 그렇게 나의 동무가 되어가고 있었다. 그러나 이 세상 그 무엇이 언제까지나 머물러있을 수 있으리. 이 조용한 산골도 삼라만상의 성주괴공(成住壞空) 속을 쉬임없이 흘러가고 있음을 나는 곧잘 잊어버리는 것이다.

오지 않는 눈을 기다리며 겨울을 보내다가 집안 행사며 설을 치르느라 이월을 아파트에서 지내고 삼월이 거의 닥쳐서야 퇴곡리 집으로 돌아왔다. 아랫집 형님에게 새해 인사를 하며 아저씨 안부를 물으니 그 사이에 아저씨가 갑작스레 세상을 떠나신 것이었다. 명색이 이웃이면서 그토록 황망한 일을 당할 때 옆에 있지도 못했던 나는 형님의 두 손을 부여쥐었다. "어머니 배 밖으로 나와 죽도록 고생만 했는데 이제 어머니 뱃속으로 돌아갔으니 편안할 게야. 평생 들어앉아 나쁜 짓을 할래야 할 수도 없었으니 좋은 곳에 갔을 게구…." 산골에서 앞 못 보는 가장을 섬기며 세 자식을 키워낸 형님은 그렇게 담담하게 말했지만 그 담담함은 오히려 형님의 일생이 짊어지고 온 고난과 고적함을 다시 한번 일깨우며 나를 훌쩍이게 했다.

새봄은 제법 쌀쌀했다. 늙은 구름이는 난로 앞을 제 자리로 잡고 졸곤 했지만 내가 밖에서 일을 할 때면 언제나 따라나와 잊지 않고 형님네로 문안인사를 다녀왔다. "아아, 구름이 왔는가." 아저씨도 노랑이도 떠나보내고 산골집에 혼자 남게 된 형님에겐 구름이의 방문이 큰 즐거움이었다. 거름기 없는 흙에서 지난 한 해 동안 생고생을 한 풀과 나무들에게 퇴비를 넣어주느라 해종일 꽃밭에 나가 있었다. 구름이도 따라 나와 몇번 형님네로 오간 것 같더니 저녁이 되었는데도 보이질 않는다. 어딜 갔을꼬. 뒤늦게 여기저기 기웃대고 있는데 형님이 헐레벌떡 달려왔다. "저 아래 영감네 암캐가 암내를 내서 현덕사 누렁이가 쫓아다니고 있대. 얼른 구름이 단속을 해야 돼." 정신이 번쩍 난 나는 형님과 함께 구름이를 찾아다녔는데 아무 곳에도 보이지 않는다. 우리집 앞산 너머에 있는 현덕사의 누렁이는 거의 송아지만한 큰 개였다. 아무래도 일이 벌어진 것이었다. 마침 내 생일이라 저녁 때 남편이 전화를 했다. 구름이가 돌아오지 않아 걱정이라고 말하다가 나는 그만 통곡을 하고 말았다. 거의 뜬눈으로 밤을 보낸 나는 누렁이와 암캐가 함께 내려왔다는 뒷산으로 오르려 했지만 다리가 후들거려 걸을 수가 없다. 남편이 왔다. 비가 추적거리는데 남편은 구름이를 타올로 감싸 안고 산에서 내려왔다. 남편은 내가 엄마를 위해 심어놓은 산벚나무 아래 구름이를 묻었다. 그러곤 형님네로 내려가 구름이를 찾아 묻었노라 알렸다. 남편이 가고 형님이 올라왔다.

하루아침에 아저씨를 떠나보내면서 눈물도 나지 않았는데 구름이 떠난 날 실컷 울었다는 게였다. "이상도 하지. 우리집 첨지가 내내 구름이를 기다렸어. 눈 어둔 그 사람 구름이 짖는 소릴 좋아했거든. 개가 음성이 힘차고 맑다는 거야. 내가 추운데 머 할라고 오냐 했더니 그래도 메칠만이래두 왔다 가문 안되나 하는 거야. 떠나던 날 아침에도 구름이를 기다렸어요." 일제 강점기, 궁벽한 산골에서 황소 두 마리 값이 있어야 치료해볼 수 있다는 급성 눈병에 걸려 열두엇의 나이에 시력을 잃기 시작하여 오래고 오랜 세월을 천지의 어둠 속에 홀로 앉아있던 사람. 눈 잃은 모습을 내보이기 싫어 산책도 밤에만 했다. 오로지 물소리 바람소리로만 세상의 한가닥을 가늠하던 그 외로운 노인에게 아파트에선 더 없는 골칫거리로 구박의 빌미이던 구름이의 목청이 초롱한 별빛 같은 기쁨이 되고 있다는 사실을 나는 짐작도 못하고 있었던 것이다. 아, 구름이는 쓸쓸하고 슬픈 생을 살았던 그 아저씨가 또다시 홀로 가야 하는 머나먼 길에 길동무해 주느라 내 곁을 떠난 게였다. 가질 것 다 갖고 누릴 것 다 누리고 있는 나를 떠나 구름이는 아저씨의 지팡이가 되어주고 있음이 분명했다.

너 아직도 우니? 친구도 전화를 하고 언니들도 전화를 했다. 모두들 얼른 또 한 마리 기르면 되잖어 한다. 하지만 이 세상에서 잔돌처럼 숱한 것이라 해도 서로 소통하고 나면 다른 그 무엇으로도 대신할 수 없는 유일한 존재가 되고 마는 것은 어찌할 도리 없는 일이었다. 구름이가 떠나고 또 한 해의 농사가 시작되었다. 나는 호미질을 하다가 개미가 지나가면 잠시 주춤거리게 되어있었다. 작은 벌레들은 나의 조그만 손놀림에도 순식간에 몸을 다쳐 비틀거리기도 하고 기겁을 하며 도망치기에 바쁘다. 그런 모양을 볼 때면 언제나 책상 밑으로 도망가 오들거리던 구름이의 고통스런 표정이 떠올랐다. 구름이도 벌레도 우리 인간도 모두 똑같이 고통을 느끼는 몸을 지닌 것이다. 그러나 고통을 느끼는 모든 몸은 또한 그 고통을 감싸주는 그 누군가로 따스해지는 게였다. 구름이는 세상 머무는 동안 주위의 많은 이들을 그렇게 따스하게 했다. 행복함이란 그것을 갈구하고 뒤쫓아다니는 게 아니라 누군가를 기쁘게 하여 스스로 그러해지는 것이라면 구름이는 진정으로 행복한 삶을 살았다. 나는 이제껏 구름이가 날 행복하게 해주었듯이 누군가를 그렇게 행복하게 해준 적이 있었을까.

구름이 꿈을 꾸었다. 구름이가 짧은 다리로 종종대며 방으로 들어간다. 구름이를 놀래주려고 살짝 뒤를 따라간 내가 방 안을 가만히 들여다보았더니 티끌 하나 없이 텅 빈 방엔 화안한 빛만이 가득했다.

머위를 따며

능청스런 자벌레처럼

아아, 감자다!

흙 속에 감자가 있었다. 비닐주머니 속이 아니라 아기집의 아기처럼 흙 속에 누워있었다. 그것은 내 평생 처음의 '농사'였고 처음으로 만난 '본래'의 감자였다. 나는 환성을 올리다가 그냥 두 손을 모았다. 내가 한 일이라곤 넉달 전에 조그맣게 자른 감자 조각 하나를 넣은 것뿐인데 이 통통한 감자는 어디에서 온 것일까.

사람이 두 다리를 흙 속에 묻고 하늘을 향해 두 팔을 벌린 채 백년을 버틴다 한들 우리 발바닥에 감자 한 톨 생길 리 없겠건만 풀은 너무도 놀랍고 너무도 신비한 존재였다. 하늘거리는 감자의 푸른 잎은 사람의 손으론 결코 잡을 수 없는 저 투명한 빛살을 한 올씩 모아 이렇게 만져 보고 냄새 맡고 우리 몸이 될 수 있는 이 알뜰한 것으로 화하게 한 것이다. 감자의 놀라움 앞에선 탄소동화작용이니 뭐니 하는 학교에서 배운 지식들은 초라하고 유치했다. 나는 큼직한 감자를 들고 일어서 퇴곡리의 앞산과 뒷산에 고개 숙여 절을 했다.

풀들은 푸성귀 밭에서도 아름다운 것들을 만들어냈다. 꽈리알처럼 익은 방울토마토는 새콤하고 말간 즙으로 텁텁한 입 속을 개운하게 해주었고 매초롬한 풋고추는 시원찮아진 내 이 사이에서도 경쾌하게 부서진다. 애호박은 이팔의 춘향이처럼 어여쁘다. 그 애호박을 도톰하게 썰어 뚝배기에 끓이다가 새우젓으로 간을 하면 일품요리가 된다. 풀은 맛도 있었다. 이런 호사를 누려도 죄 되지 않을까 걱정되리만치 맛이 있었다.

풀들은 그냥 맛있는 게 아니라 저마다 색색의 풍미가 있었다. 더구나 사람 손에 자라지 않고 제 스스로 자라난 개두릅과 머위는 풀이 얼마나 품격있는 먹거리인가를 새삼 느끼게 했다. 개두릅은 엄나무(도깨비 방망이처럼 온통 가시가 돋쳐있는 나무다) 새순을 말하는데 강원도 사람들은 '개'자가 붙은 그것을 오리지널 두릅보다 훨씬더 높게 대접한다. 퇴곡리에서 처음 먹어본 개두릅엔 강원도 산골의 향취가 함뿍했다. 그에 비하면 '양반' 두릅은 무언가 맹맹하고 심심했다. (물론 그동안 내가 먹어본 두릅은 사실 두릅도 아니고, 이월 초만 되어도 랩에 돌돌 싸여 마트 선반 위에서 조명발 받고 있는 두릅이라는 것이긴 했지만 말이다.)

요사이는 엄나무도 개량되어 사람 키보다 작게 관리하면서 새순을 수확하고 있지만 퇴곡리 마당가에 서 있는 엄나무는 나이도 서른에 가깝고 키도 껑충했다. 애초에 그 나무를 심었던 아랫집 형님은 그 두 나무가 서로 맛이 다르다는 것이며 개두릅은 잎이 활짝 피어 사람 손바닥 만큼이나 될 때가 가장 먹음직하다는 사실도 일러주었다. 잎이 활짝 피면 잎자루에 가시도 생겨나지만 파란 가시는 아프지도 않고 얼마든지 먹을 수 있단다.

나뭇잎은 풀잎과 또 달랐다. 상추나 풋고추는 이로 아작대며 먹지만 나뭇잎은 혀로 천천히 먹는 음식이었다. 혀 위에서 가만가만 씹힌 나뭇잎은 식도를 지나 위장 속에 들어가서도 한동안 은은한 향기를 전해왔다. 개두릅은 끓는 물에 데쳐 장에 찍어 먹거나 나물로 무쳐도 좋고 된장찌개에 한잎 넣어도 좋았다. 그런데 새순을 그렇게 먹어버리면 나무가 상하지 않을까 걱정이다. 하지만 형님 말은 엄나무는 먹지 않더라도 새순을 따주어야 가지가 벋고 모양새가 난다는 것이다. 세상에, 그 사납게 보이는 엄나무는 정말 다른 이들을 공양하기 위해 생겨난 '보살나무'였다.

사월 중순이나 지나야 먹을 수 있는 개두릅과는 달리 머위는 제법 이른 봄부터 먹을 수 있었다. 계곡가에 불현듯 피어나는 연둣빛 머위꽃은 봄이 왔음을 알려주는데, 꽃이 피면 곧이어 어린잎들도 돋아난다. 쓴맛이 채 퍼지지 않은 머위의 어린잎은 날로도 먹고 살짝 데쳐 쌈으로 먹기도 한다. 쌈이 싫으면 들기름과 된장으로 조물조물 무쳐도 좋은데, 밭의 푸성귀들처럼 매끄럽지 않고 조금 거친 듯한 감촉이 풀이라기보다는 나뭇잎에 더 가깝게 느껴진다.

머위는 잎이 커지고 나면 잎 대신 줄기를 먹는다. 거의 연잎만큼 커지는 잎사귀를 받치고 있는 머위대는 최소한 사십 센티미터 정도 길어지는 데다 제법 통통해 몇 줄기만 잘라도 나물 두세 접시가 생긴다. 게다가 머위대는 칠월까지 줄곧 먹을 수 있어 거의 다섯달 가량이나 우리네 밥상을 향그럽게 한다. 머위대는 껍질을 벗겨 충분히 삶은 다음, 찬물에 조금 우린 후에 양념을 해서 살짝 볶는다. 볶은 머위대는 머위잎보다는 '들맛'이 덜하지만 입 속에서 경쾌하게 씹히면서 아련한 향기를 전해준다.

개두릅과 머위는 씨를 뿌리지도, 감자처럼 조그만 조각을 보태지도 않았지만 내 곁에서 그렇게 새순을 내밀고 불쑥불쑥 돋아났다. 그리하여 그 잎과 줄기를 좋아라 달공달공 먹어치우는 나는, 능청스런 자벌레나 한가지였다.

은혜로운 굴레

먹이를 찾느라 해종일 땅바닥을 발발 기어다니는 개미들을 보며 벌레들의 '비참한' 삶을 동정하던 때가 있었다. 몸뚱이 유지하는 일에 온 생애를 바치는 개미가 딱하기도 했던 것이다. 살기 위해 먹지, 먹기 위해 사는 건 아니지 않는가. 의기양양했던 그 시절, 내 머릿속에서 먹는 일이란 단순한 '수단'이었으니, 수단은 간편하고도 효율적일수록 쓸 만한 법이었다. 당연히 수단에 쓰이는 시간과 에너지는 될 수 있으면 적어야 했고 그 나머지는 '중요하고도 의미있는' 것을 위해 쓰여야 했다. 그 중요한 것이란 어떤 성취 따위를 뜻했는지 어쨌지 지금은 기억조차 없지만, 내가 멋대로 수단이라고 분류해놓은 것들을 해야 할 때면 은근히 초조했다. 그러곤 그 성가신 것들을 쩔쩔매며 '해치우고' 나면 중요하고 의미있는 것들은 어디로 가버렸는지 허전하고 멍했다. 그런 짓의 반복 속에서 나는 무엇 하나 이룬 것 없이 젊음을 흘려보냈다.

그러나 나이 들고 늙는다는 건 의외로 좋은 점이 많았다. 저녁 햇살 속에서 풍경이 또다른 아름다움을 보이듯, 나이듦은 나에게 또하나의 눈을 갖게 했다. 마흔도 중반이 넘은 어느날부터인가 개미가 다르게 보이기 시작했다. 인간보다 훨씬 오랫동안 이 세계를 알고 왔던 벌레와 짐승들이 먹는 일에 그렇게 많은 시간과 에너지를 들이고 있는 까닭은 그네들이 인간보다 영판 아둔해서가 아니라 먹고사는 일이란 본시부터 그렇게 수고롭고 미련하게 치르도록 되어있는 게 아닌가, 그렇게 의심하기 시작한 것이었다.

아무리 자비로운 보살나무도 새잎을 내고 열매를 맺으려면 일년을 기다려야 한다. 머위 나물 한 접시가 생기려면 풀이 싹터 자라나길 기다려 그걸 따고 껍질 벗겨 삶고 우리고 볶아야 한다. 감자가 아무리 신비한 능력을 지녔다 해도 그 능력은 햇빛과 바람과 물처럼 인간의 재주론 어찌해볼 도리 없는 이들의 협력을 얻지 않고는 발휘되지 않는다. 먹는다는 건 남의 몸을 먹는 것인데, 그 몸이 어찌 공장에서 플라스틱 조각 찍어내듯 시도 때도 없이 우르르 쏟아질 수 있겠는가 말이다.

그 위에, 이 세계는 인간만 편애하지도 않으며 사람의 입에 좋은 건 벌레며 길짐승, 날짐승 입에도 좋은 게였다. 그러하니 어찌 먹이가 손쉽게 생길 수 있겠는가. 미련한 수고를 들이지 않고 영리하게 얻어진 것들은 절대 먹이가 될 수 없음은 구태여 증명할 필요도 없이 우리네 나날의 일상에서 숱하게 되풀이되고 있는 일이다.

그리고 무엇보다도 먹는 일은 단순한 '수단'이 아니었다. (우리가 삶에서 치러야 하는 모든 것들은 그 어떤 것도 단순한 수단으로 전락시켜선 아니되었다.) 먹는 일은 우리로 하여금 이 세계와 이 세계의 모든 존재들과 소통케 하는 그 어떤 신묘한 굴레였다. 그것은 기필코 벗어나야 할 비참한 굴레가 아니라, 온전히 감수함으로써 더이상 굴레가 아니게 되는 그런 굴레였다. 만약 우리 인간이 남의 몸을 얻어먹어야 하는 운명에 처해지지 않았다면 이 세계가 얽혀 돌아가는 자비와 사랑의 끈에 대해 바늘귀만큼이라도 알아들을 수 있었을 것인가. 먹어야 한다는 이 굴레는 늙음이나 병듦, 그리고 죽음의 굴레처럼 우리들을 향기로운 존재로 익어가게 하는 그 어떤 '은혜'였다. 요즘 사람들이 옛사람들에 비해 경박하고 설익어 있다면 그것은 21세기의 기발한 기술들이 우리들에게 그 굴레를 충분히 무력화시킬 수 있다는 간특한 환상을 주고 있기 때문일 게다. 천사가 먹지 않아도 살고 병들거나 죽지도 않는다면 그것은 하느님의 전능한 기술 덕분이 아니라, 천사는 이미 아무런 조건 없이 타인을 수용하고 사랑할 수 있는 경지에 이르렀기에 구태여 그런 굴레가 필요하지 않기 때문일 게다.

겨울 끝머리, 바람 세찬 날, 뒷산에서 청서(청설모) 한 마리가 소리없이 내려왔다. 짐승은 솔가지 끝에서 굴참나무 둥지로 홀짝 뛰더니 헛간 지붕에 내려 나무벽을 타고 끝까지 가더니 그제야 흙바닥에 살짝 착륙한다. 하지만 발바닥에 흙먼지 한 알갱이 묻지 않을 만큼 재바르게 마당을 가로질러 순식간에 감나무 꼭대기에 올랐다. 겨우내 직박구리며 오색딱따구리, 어치, 오목눈이 등등을 먹여주던 나무에겐 이제 남은 것이라곤 감꼭지뿐인데 짐승은 가느다란 가지에 올라 그 딱딱한 찌꺼기를 두 손에 꼬옥 쥐고 열심히 열심히 먹는다. 바람에 마구 흔들리는 나무 꼭대기에서 흩어지는 꼬리털로 휘청휘청 몸을 가누어가며 감꼭지를 먹고 있는 조그만 겨울 짐승. 우리네가 까맣게 잊고 있는 먹고사는 일의 눈물겨움과 기특함, 그리고 순결함을 그대로 간직하고 있는 그날의 정서는 참으로 아름다웠다.

남편의 퇴직을 앞둔 우리 부부는 앞으로의 생활비를 계산해보곤 한다. 처자부양에 반평생을 보낸 남편은 다달이 꼬박꼬박 마누라에게 넘겨주던 수입이 없어진다는 사실에 어쩐지 불안한 모양이다. 그러나 저 좋은 짓만 하고 살아온 나는 뱃속 편한 소리를 한다. "뭐가 걱정이유. 애들 학비가 끝났으니 먹고살 것만 있으면 되는걸. 푸성귀는 텃밭에서 기르니, 쌀 사고 가끔 물고기나 살 수 있으면 되지 않어? 그리구 배탈나면 병원에 가도 죽을병 걸리면 그냥 있기루 하지 뭐." 중학교 때 '엥겔계수'라는 걸 배웠는데 생활비 중에서 '먹잇값'이 차지하는 비율이 적을수록 '선진적'으로 사는 것이라는 소리였다. 선진적으로 살자면 먹는 것말고 또 무에가 그리도 잔뜩 필요하다는 소린지, 아무튼 앞으로의 우리 생활은 시간으로 보거나 비용으로 보거나 엥겔계수가 점점 높아지는 '후진형'이 될 것 같다.

나무 그늘에 앉아 머위 껍질을 벗긴다. 머위대의 밑둥 쪽을 손톱으로 조금 긁아내고 잡아당기면 껍질이 시원스레 주욱 벗겨진다. 재미있다. 그렇게 한번, 두번, 세번, 네번 벗겨내면 뻣뻣하던 머위대가 촉촉하고 부드러운 속살을 드러낸다. 머위의 살풋한 향기가 코끝에 잠깐 스친다. 앞뒤도 모른 채 오십년을 엄벙덤벙 살았지만 이제부턴 참으로 조심스레 살아보고 싶은 것이다. 어린 도라지 싹 사이로 파고드는 바랭이를 한 가닥씩 가려내듯, 벌레 먹힌 제피나무 조용히 새잎 내듯 그렇게 살면서, 아주 늦어지기 전에 바람 세차던 날의 그 청서처럼 나에게 남겨진 이 세계의 감꼭지 하나를 꼬옥꼬옥 씹어보고 싶은 것이다.

퇴곡리 반딧불이

영미네 논 한쪽을 떠받치고 있는 개울가 석축은 볼수록 어여쁘다. 잔돌과 막돌을 신통하게 아귀 맞추어 촘촘히 쌓아올린 석축은 못된 짓만 일삼는 종족이 되어버린 우리 인간이란 족속도 원래는 그렇게 기특한 재주꾼임을 생각나게 한다. 5년 전, 태풍이 강릉을 온통 뒤집어놓았을 때 영미네 논은 곤죽이 되어 물 속으로 사라졌다는데 영미 아버지가 그 논을 아리따운 석축 위에 그렇게 부활시켜 놓은 거였다.

별로 말도 없이 먼산 바라보며 담배 피우길 좋아하는 그 아저씨는 요즘에도 소 두 마리를 꼴 베어 먹이고 있다. 그리고 농사 틈틈이 돌일도 하고 나무일도 한다. 영미네 마당에 서 있는 커다란 정자엔 강낭콩이며 옥수수, 고추가 철마다 그득히 펼쳐져 있고 늦가을이면 진홍빛 곶감이 줄줄이 내걸리고 한쪽 켠에선 감자 부침이를 한다. 그 정자도 물론 아저씨 작품이다. 아저씨는 정자 서까래에 가끔 찾아오는 외손주를 위해 그네도 매달아두었다. 건축 자재도 여러 해에 걸쳐 손수 장만했단다. 아저씬 정자니 돌담이니 하는 큰 일만이 아니라 바구니 짜기 같은 잔잔한 일도 솜씨 있게 해냈다. 뒤뜰의 대나무로는 감 바구니를 짜고 달력 종이로는 종이 항아리를 지었다.

아저씨는 진짜 농꾼이었다. 농사일 틈틈이 여러가지 생활도구들을 손수 만들어 쓰곤 하던 지난날의 우리네 농꾼들을 그대로 닮았다. 민속박물관을 가득 채우고 있는 갖가지 생활 기물들, 뒷간의 똥바가지에서부터 안방 반짇고리 속의 골무에 이르기까지 대부분의 생활용품들은 아침저녁 그것을 쓰던 주인이 자신의 손으로 직접 만들어낸 것이다. 그것도 어떤 특정한 자재에 구애되지 않고 때에 따라, 사정에 따라, 손에 들어오는 재료들을 활용했다.

그런 기물들에선 전문가가 만들어낸 물건이 지니지 못한 어떤 감동이 느껴진다. 전문가의 물건들, 더구나 특수층들이 치레를 위해 소유하던 물건들은 자칫 치장이 과하기 십상이지만 보통 사람들이 자신의 필요에 따라 만들어낸 생활용품들은 쓰임새와 치장이 서로를 번거롭게 하지 않아 담백하면서도 균형잡힌 모습을 하고 있다. 지난 시절의 그런 기물들을 보고 있으면 우리 가슴속 아름다움에 대한 목마름은 힘겨운 생계 앞에서도 그리 쉽게 사라지는 것이 아니며, 또한 누구나 그런 목마름을 적절하게 발현해낼 수 있는 능력이 있음을 실감하게 된다. 지난날의 사람들은 누구나가 그렇게 바구니를 짜고 돌담을 고치면서 나름의 기쁨을 맛보는 '창조자'였다. 하지만 농사일이 고통스런 '기피 직업'이 되어버린 요즘에 어느 농꾼이 필요한 기물을 손수 만들어 쓸 만큼 자신의 생활을 알뜰하게 사랑할 수 있겠는가. 아마도 퇴곡리에서도 영미 아버지를 끝으로 그런 예술가 농꾼은 영영 사라질 게다.

퇴곡리 집을 지을 때 '쟁이' 아저씨들도 뛰어난 솜씨를 보여주었다. '벽돌쟁이' 아저씨는 높고 가느다란 받침대 위에 서서 찰옥수수 알갱이보다 매끄럽게 벽돌을 붙여 나갔다. '미쟁이' 아저씨는 흙손 하나로 거친 바닥을 순식간에 매끄럽게 변신시켰다.

"참 대단한 예술가들이네요." 나의 감탄을 듣고 있던 건축업자도 그렇다고 동의한다. 그런데 그 아저씨들도 모두 '노인'들이다. "저 사람들이 손놓고 나면 이젠 아무도 벽돌집을 지을 수가 없어요. 더구나 미장이는 육십 초반도 없어요. 모두 칠십에 가깝지요. 뭐 이젠 집도 모두 조립식으로나 지어야지요."

미쟁이 아저씨에게 마당 수돗가 콘크리트에 돌을 붙여달라고 부탁했더니 금방 옛우물처럼 예쁘게 만들어놓았다.

"어머나, 아저씨, 정말 예뻐요!"

"글쎄, 돌이 동글납작하면 더 이쁜데, 그냥 손에 잡히는 돌을 써서…"

아저씨는 좀더 여유있게 적당한 돌을 찾아내 자신의 미감(美感)을 완전히 발휘하지 못한 것이 아무래도 섭섭한 모양이다. 이런 아저씨들이 이제 마지막이라니 얼마나 서운한 일인가. 아니, 서운한 건 아저씨들의 솜씨만이 아니었다.

공사 대금 청구서를 보니 인건비 항목에 벽돌공, 미장공, 타일공, 목수 등등의 기능인들 외에 그냥 '잡부'라고 표시된 사람이 있다. 건축업자 김 사장이 툭하면 "이씨, 이씨" 하고 불러대던 바로 그 아저씨였다.

공사가 마무리 단계에 들어갔을 때 제법 매서운 첫추위가 닥쳤다. 아침에 일어나 보니 하수도가 얼어붙었는지 부엌 개수대의 물이 내려가지 않는다. 어쩔꼬. 하는 수 없이 김 사장에게 호소했다. 김 사장은 즉시 아저씨를 불렀다. "어이, 이씨, 사모님 부엌 하수도 좀 봐드려." 아저씨는 부엌 바닥에 납작 엎드려 차가운 구정물이 잔뜩 고였을 개수대 파이프 속에 손을 집어넣고 휘젓더니 지하실로 내려가 이곳 저곳을 살피고 바깥 집수관도 살피더니 원인을 찾아냈다. 개수대의 고무관이 하수도 파이프가 꺾인 곳까지 내려져 있어 그곳에 고인 물이 그만 얼어붙은 것이었다. 아저씨는 얼굴에 오물을 묻혀가면서 고무관을 잡아 빼고 얼어붙은 파이프를 잘라내고 새 파이프를 이어 붙였다. 그러곤 "이젠 물이 자알 내려갑니다!" 하며 박수를 치고 좋아했다. 풍채도 좋아 작업 반장쯤으로 보이지만 아저씨는 모든 이들의 '시다'로 무슨 일을 시켜도 다 했다. 그러면서 언제나 싱글싱글 웃고 있었다.

날이 추워져 마당에 흩어져 있는 나뭇가지를 톱으로 잘라 불쏘시개를 만들기 시작했다. 그런 내 모양을 보더니 김 사장이 다시 아저씨를 부른다. "어이, 이씨, 사모님 나무 좀 해드려." 아저씨는 언제 어디서건 온갖 잡동사니 일을 흔쾌히 받아들일 준비가 되어있는 '진짜 잡부'라는 걸 증명하기라도 하듯 어디선가 손도끼를 꺼내들고 와 나무를 한다. 예쁜 손도끼였다. 아저씨는 놀이하는 아이처럼 손도끼를 반짝이며 즐겁게 일을 한다. 금방 사과상자 수북이 잔가지들이 쌓였다. 아저씨가 돌아가고 난 뒤에 보니 뒤뜰에도 아저씨의 손도끼만큼이나 예쁜 불쏘시개 더미가 무슨 설치예술품처럼 놓여있었다.

쟁쟁한 쟁이들에게도 대접이 시원찮은 요즘 세상에 '쟁이'도 아닌 '잡부'라는 이름을 달고서도 그렇게 즐겁게 일하고 그렇게 천진한 웃음을 보일 수 있는 그 아저씨. 자신의 이익과 그다지 관련도 없고 하찮기만 한 일에도 자연스런 정성이 우러나는 사람. 이씨 아저씨는 도시 아스팔트 위에 홀연히 나타난 노랑나비를 생각나게 했다.

페인트 아저씨의 '시다'로 우리집을 찾아온 심씨 아저씨는 본 직업이 심마니로 산에 가지 않을 때는 그렇게 '시다' 일을 한다고 했다. 심씨 아저씨는 자신보다 손아래인 페인트 아저씨를 '우리 사장님'이라 불렀고 페인트 아저씨도 심씨 아저씨를 어른으로 대접했다. "심씨 아저씨는 평생 산에만 다닌 데다 무학이지만 제가 배우는 점이 많아요." 심씨 아저씨는 집안이 전부 심마니로 형님은 커다란 산삼을 캐 텔레비전에도 나왔다며 자랑스러워했다. "우리집엔 여러가지 약초도 기르지요. 한번 구경 오세요."

그렇게 짝을 이룬 두 사람은 일을 시작하더니 점심도 먹지 않고 일을 계속한다. 우리집에선 시장도 멀고 나는 운전도 못해 장보기가 힘들었다. 그래서 아저씨들 점심을 끓여주는 대신 중식비를 지불하고 새참으로 라면 정도나 준비하는 것으로 계약을 맺었던 나는 점심식사 하러 가시지 않느냐고 조심스레 물었다. 그랬더니 이 두 아저씨들, 김 사장에게서 아무 말도 듣지 못했다는 거다. 게다가 심씨 아저씨 말이, 당신 평생에 일 나갔다가 밥을 사먹는다는 건 생각도 못했다는 것이다. 나는 너무도 부끄럽고 미안해서 부랴부랴 냉장고를 다 뒤져서 점심을 차렸다. "우린 김치만 있으면 돼요." 아닌게아니라 김치와 된장찌개에 특별

반찬이라곤 간고등어 토막과 달걀말이 정도가 오른 밥상이었지만 아저씨들은 맛있게 먹었다. "사실 배가 고팠거든요. 그래도 밥 준비됐냐는 말하기가 뭣해 망설이고 있었는데, 심씨 아저씨가 사람 밥 먹자는 게 무에 불편한 부탁이냐고 하면서 자기가 말하겠다고 막 그러고 있던 참이에요" 그랬다. 밥 먹는 건 무슨 계약으로 처리하는 법이 아니었다. 내 집에 일해주러 온 사람들에게 밥을 내는 것은 계약 이전의 문제였다. 점심을 깨끗이 비운 심씨 아저씨는 우리집 뒷산에 올랐다가 오더니, 뒷산도 산삼이 살 만한 곳이라며 산삼은 아니지만 통통한 칡뿌리 하나를 내민다. "이게 알칡이여. 몇 조각으로 썰어서 푹 끓여 드세요." 잎이 다 떨어진 겨울산에서 어떻게 그런 통통한 칡뿌리를 알아냈는지 아저씨는 과연 심마니였다.

다음날 일을 모두 마친 두 아저씨는 일부러 챙겨온 기계톱으로 태풍 때 떠내려와 계곡가에 얽혀있던 통나무를 깨끗이 베어서 땔감을 마련해주고 그 중 잘생긴 뿌리 부분으론 멋진 찻상까지 만들어주었다. "우리는 나무로 이런 거 만드는 게 재미예요."

이 아저씨들에게 일을 한다는 것은 임금을 위해 고용관계나 계약관계를 맺는 것이 아니고, 서로 일을 부탁하고 그 일을 맡아주면서 사람 사이에 즐거움이 생기게 하는 그런 것이었다. 이씨 아저씨도 심씨 아저씨도 우리나라의 소득분포로 보면 분명 '저소득층'인데, 그 두 사람에게선 자신의 적은 소득에 대한 불평이나 포한 같은 어떤 거친 분위기가 느껴지지 않는다. 그 두 사람은 소득이 적다는 사실에 상처받거나 위축되지 않고 물처럼 자연스러웠다. 오로지 소득에 의해 서열이 확고해지는 요즘 세상에서 그런 자연스러움을 몸에 지니려면 엄청난 도를 닦아야 할 노릇이겠건만, 그 두 아저씨는 그냥 저절로 자연스러운 듯했다.

과연 강원도구나. 그래도 아직은 이런 사람들이 남아있구나. 나는 근처 냇가에서 반딧불이를 보았을 때처럼 기쁘고 고마웠다. 하지만 그 반딧불이들은 늦여름에 잠깐 대여섯 마리가 눈에 뜨이다가 곧 사라졌다. 끝도 없이 비가 내린 올 여름엔 그나마 반딧불이를 한 마리도 만나지 못했다.

아랫집 형님이 아직 소를 먹일 무렵만 해도 여름이면 이곳엔 반딧불이가 지천이었단다. "저녁 먹고 나면 일부러 불을 끄고 반딧불이 보러 나왔지. 그놈들이 이리 몰키고 저리 몰키고 옷에 붙고 머리에 붙고. 그런데 저번 큰물 때 그나마 남은 씨가 다 떠내려갔는지 요즘엔 그저 몇 마리뿐이야. 사람들 말은 소똥이 없어져서 반딧불이가 없어졌다고도 하고…" 형님은 반딧불이가 소똥을 먹고 산다고 생각하는 모양이었다. 하지만 인가도 몇 없는 계곡 상류인 이곳에서 반딧불이가 그렇게 줄어든 것은 아마도 제초제 탓일 터였다. 웬만해서 살충제 따위를 쓰지 않는 형님도 제초제는 가끔씩 쓰고 있었다. 노인 한두 사람이 남아 농사일을 하고 있는 농촌에서 무슨 일손이 있다고 사람 손으로 김매기를 하겠는가. "아이구, 저눔의 바랭이가 참 지랄두 지랄이야." (바랭이는 내가 어렸을 적에 동무들과 조리를 만들며 놀던 추억의 풀로, 소가 풀을 먹고 살던 때는 집집마다 환영하던 좋은 풀이었다지만 시절이 바뀌어 이제는 지긋지긋한 '풀웬수' 신세가 되고 말았다.) 무성한 잡초 앞에서 한참 궁리하던 형님은 어쩔 수 없어 제초제를 뿌린다. 들깨밭을 일구어야 하기 때문이다. 수확물을 파는 일도 거의 없이 두 아들네와 당신이 모두 먹고 있는 형님이 제초제에 의지할 때야, 현금 수입을 원하는 농가에선 제초제가 필수품 중의 필수품일 수밖에 없다.

우리의 세계는 끝없이 흐르는 무상(無常)의 세계로, 온통 절망뿐이지도 않고 온통 희망뿐이지도 않은 곳이다. 하지만 반딧불이가 사라지고 막돌로 아름다운 돌담을 쌓는 그 손과 아무 소리없이 뒤뜰에 불쏘시개를 쌓아놓는 그 마음이 사라져가는 건 아무래도 위태로운 일이다. 이 세계가 아니라 바로 우리 인간에게 위태로운 일이다.

메밀 수업記

메밀을 한번 뿌려보고 싶다는 내 말에 언니들이 꽃이나 보려고? 한다. 아무래도 제 농사 솜씨에 자신이 없는 나는 그 말에 단호하게 "아니야" 하지 못하는데 아랫집 형님까지 꽃만 봐도 좋지 뭘, 하면서 나의 '안고수비(眼高手卑)'를 위로한다. 하지만 메밀을 뿌린다면 아주 조금이라도 수확을 해보고 싶다. 물론 메밀은 그냥 꽃만 피어도 충분할 만큼 정취가 있다. 그래도 알곡을 뿌려 놓곤 꽃만 보고 치워버린다는 건 아무래도 몹쓸 짓 같다. 난생처음으로 지어보는 메밀에게 꽃 필 때 놀러 와서 사진이나 찰칵대다 휘딱 가버리는 관광객 놀음은 하고 싶지가 않다.

그런데 메밀을 뿌리지 않으면 안될 일이 생겼다. 오월 중순에 들깨를 뿌렸는데 싹이 하나도 올라오지 않는다. 묵은 씨도 괜찮다기에 믿고 있었는데 아무래도 무언가 잘못된 거다. 싹이 트기를 기다리는 동안 시간이 너무 지나 이젠 메밀밖엔 뿌려볼 만한 작물이 없다. 나는 농사 스승인 아랫집 형님에게 내려간다.

언제 뿌리지요? 얼마나 뿌리지요? 이랑을 만들어야 하나요? 이것저것 마구 묻는 나에게 형님은 차분하게 대답한다. "메밀은 중복에서 말복 사이에 푸는 게야. 꽃만 본다면 말복쯤에 풀어도 되고." 나는 메밀을 뿌린다고 하는데 형님은 '푼다'고 한다. 표준말밖에 배우지 못한 서울내기는 씨라면 그저 뿌리는 걸로나 알고 있는데, 일평생 자신의 손으로 직접 먹을거리를 생산해온 형님에겐 농사일이란 그렇게 두루뭉술한 표준 단어 하나로 나타낼 수 있는 일이 아니었다. 형님은 씨감자를 '넣고' 들깨는 '붓고' 메밀을 '풀었다'. 조금 깊게 묻어야 하는 씨감자는 단순히 심는 게 아니라 시린 손을 주머니 속에 넣듯이 흙 속에 푸근하게 '넣어야' 하고, 촘촘한 모판을 만들어 모종을 해야 하는 들깨는 씨를 소복하게 '붓고', 이랑도 고랑도 없는 툭 터진 밭에 넉넉하게 직파하는 메밀은 '풀어야' 하는 게였다.

"두 되쯤 풀면 될 게야. 그냥 훌훌 뿌린 다음 호미로 조금 긁어줘야 해. 메밀은 여섯 모 중에 한쪽만 흙에 닿아도 싹이 튼다 하지만 그래도 흙이 조금은 덮여야지. 그리군 그 위에 곧바로 퇴비를 뿌려줘. 메밀은 이틀이 지나면 싹이 트는 거라. 푸는 때는 내가 날씨를 봐가며 일러줄 터이니."

주문진 시장 싸전에 나가 메밀밭을 일군다 하니 중국 메밀이 아닌 국산 메밀을 내준다. 그걸 받아들고 와 중복이 되기를 기다리는데 바랭이가 문제다. 들깨 농사를 실패한 밭에 바랭이들이 나날이 우거져 여름이

채 되기도 전에 밭은 뱀이라도 꼬일 지경으로 풀숲이 되고 말았다. "메밀밭은 잡초가 있으면 안되는데…" 형님은 잡초를 '대접'하는 내가 딱하다는 듯 혀를 쯧쯧 찬다. 초복이 지났다. 이젠 호미를 쥐고 아침저녁으로 바랭이밭으로 나갈 수밖에 없다. 사흘 만에 밭에서 바랭이들이 물러나고 흙이 드러났다. 중복이 지났다. 날이 푹푹 삶아댄다. 낮은 구름이 찌부둥한 날 아침, 형님이 드디어 메밀을 풀라고 지시한다. "날을 보니 내일 비가 올 것 같어. 메밀은 비가 와야 싹이 잘 트니까." 주문진 싸전에선 입추 무렵이 적기라 했지만 나는 형님의 결정을 따른다. 메밀을 푼다. 알곡들이 휙휙 반원을 그리며 퍼져나간다. 공연히 신이 난다. 호미로 메밀을 고르게 긁어주고 그 위에 거뭇거뭇 퇴비를 뿌린다. "이제 됐구먼." 스승님이 오케이 사인을 내린다. 다음날, 과연 스승의 예견대로 비가 내렸다.

도시내기인 내가 메밀과 무슨 인연이 있었다면 고작해야 어린 시절 우리집에 가끔 들르던 등짐장수가 내보이던 새카만 베갯속이 바로 메밀껍질이었다는 정도였다. 그러곤 어느 틈엔가 그 메밀껍질 베개마저 잊고 살다가 새삼스레 메밀에 관심이 생긴 건 일본에서 지낼 때였다. 현관문에 곰팡이가 필 지경으로 습하고 무더운 동경의 여름날에 후루룩대던 자루소바(메밀국수)와 방바닥이 썰렁한 겨울 아침에 마시던 구수한 메밀차의 맛은 각별했다. 메밀 — 가뭄으로 모든 작물이 절단난 뒤에도 척박한 땅에서 씩씩하게 자라나 주린 배를 채워주었다는 그 끈질긴 산골의 어머니, 억척스런 구황작물임에도 한줄기 산바람에 부스스 몸을 떠는 눈물겨운 아름다움을 지닌 풀. 강원도 산골 마을에 살게 되었는데 어찌 그런 풀과 직접 만나고 싶지 않겠는가.

메밀을 풀고 이틀이 지났다. 아침에 일어나 메밀밭에 나가보니 어머나, 정말, 땅에 깔린 메밀 알곡마다 희끗희끗한 티끌이 솟아있다. 뿌리다. 뿌리가 나온 거다! 날이 엄청나게 더워 어린 뿌리가 상하지 않을까 걱정되는데 그 다음날 보니 메밀밭이 불깃불깃하다. 이번엔 싹이 튼 거다. 밤새 비가 왔다. 다음날 아침에 일어나 화들짝 놀랐다. 하룻밤 사이에 메밀밭이 온통 새파랗게 변해 있는 게 아닌가. 메밀은 땅에 떨어진 지 나흘 만에 떡잎이 벌어지는 정말 대단한 풀이었다. 그 뒤에도 메밀밭에선 계속 놀라운 일들이 생겼다.

내 파종 솜씨가 서툴러 싹들이 고르게 퍼져있지 못하고 군데군데 너무 배게 몰려있는 모양을 보며 형님이 웃는다.

"처음 해봐 그렇지. 그래도 괜찮아. 솎아서 나물 하면 되니까."

"에에? 메밀나물도 다 있어요?"

"그럼, 있다마다. 여름철 별민 걸. 아직은 어리니까 때가 되면 내가 일러주지. 메밀은 금방 커버려서 어물쩍하다간 쇠어서 못 먹어."

그리하여 메밀 씨앗은 땅에 떨어진 지 일주일 만에 나물이 되었다. 본잎이 나오기 직전으로 키가 칠팔 센티 자랐을 때였다. "다듬지 말고 뿌리째 냇가에서 잘 씻어서 살짝 데친 다음 초고추장에 무쳐 봐. 국수가닥처럼 가늘고 노릇노릇한 게 먹을 만하다니까."

시냇물이 흐르는 산골에 살면서도 도시 생활의 때를 못 벗은 나는 물 쓸 일이 있으면 수도꼭지부터 틀어댄다. 하지만 형님은 웬만한 물일은 냇가에서 했다. 흐르는 냇물은 형님의 손이며 얼굴뿐 아니라 호미자루며 김칫거리를 씻어주었다. 아무튼 야들야들한 나물을 수도꼭지 밑에서 씻는다는 건 아무래도 거친 듯싶어 나도 냇가로 가 바구니를 냇물에 담근다. 아, 바로 그것이었다. 거미줄보다 가느다란 실뿌리가 소복이 돋아있는 메밀 솎음은 흐르는 시냇물이 아니면 도저히 씻어낼 수 없는 식품이었다. 고운 모래가 잔뜩 끼어있는 연한 새싹을 수도꼭지 밑에서 제대로 씻자면 모두 뭉그러져 버리고 남는 게 없을 판이었다. 그렇구나, 이 메밀나물이란 건 나물거리를 얻을 수 있는 기간도 너무 짧고 냇물이 아니면 씻기도 어려우니 천생 여름철 겨우 며칠 동안 냇물이 흐르는 산골에서나 맛볼 수 있는 말 그대로 별미인 그런 음식이구나. 나는 참으로 오랜만에 진짜 음식, 시도 때도 없이 사시사철 아무 데서고 먹을 수 있는 게 아니라 어느 시기, 어느 곳에서만 먹을 수 있는 '본래 음식'을 만난 듯했다. 초고추장에 무친 메밀나물은 땀으로 지친 복 중에 입맛을 돋우어주기에 충분했다.

"아이고, 재빠르기도 하지. 벌써 나물을 했어? 내 메밀나물 먹어보기는 근 이십년 만일세."

형님은 내가 한 접시 담아간 메밀나물을 맛보며 좋아한다. 메밀을 몇 말씩 풀어 지을 때도 나물 한번 먹자고 돌아서 보면 벌써 꽃봉오리가 달려 못 먹곤 했단다. 그것은 메밀이 그만큼 순식간에 커버린다는 말이기도 했지만 형님의 여름은 언제나 나물 한 접시 챙겨 먹을 새도 없으리만큼 바빴다는 뜻이기도 했다.

본잎이 돋은 메밀은 쑥쑥 자랐다. 씨앗 위에 직접 퇴비를 뿌려준 것 말고는 별다른 거름도 주지 않았다. 그 왕성한 생육에 천하의 바랭이도 메밀밭만은 감히 넘보지 못했다. 메밀꽃이 피기 시작했다. 연둣빛으로 시작된 꽃밭은 하루 이틀 지나면서 순백으로 퍼져나갔다. 그리고 그 꽃들은 쉴새없이 흔들렸다. 벌레들이었다. 이 골 저 골에서 모여든 가지가지 벌레들. 내가 그 이름을 아는 벌레라곤 세줄나비, 제일줄나비, 애기세줄나비(나비 중에서도 줄나비 무리들이 메밀꽃을 제일 좋아하는 모양이었다), 작은멋쟁이나비, 토벌(토종벌), 꿀벌, 황띠배벌 등등이 고작이고 대부분 이름도 모를 뿐더러 처음 보는 벌레들이다. 많은 벌레들이 파리 일족인 듯했다. 벌레들은 저마다 어미의 젖꼭지를 물고 풍성한 가슴 속에 푹 파묻혀 떠날 줄을 모른다. 꿀을 먹지 않는 잠자리들까지 종종 메밀 흰 꽃 위에서 쉬었다 가곤 한다. 이 왕성한 생명력의 산골 어머니가 어찌 사람만 먹일 리 있겠는가. 들꽃이 귀해지는 늦여름, 나의 조그만 메밀밭은 산골 벌레들의 샘터와 같았다. 그 샘터에 아침이면 내가 나가 마냥 서 있었고, 저녁엔 형님이 뒷짐을 지고 나왔다.

구월에 들어섰는데 마치 장마가 다시 시작된 것처럼 세찬 빗줄기가 멈추지 않는다. 그래도 메밀은 흰 꽃을 연달아 피우며 꿋꿋하게 이상기후를 견디었고, 벌레들은 잠시라도 비가 그치면 재빠르게 메밀을 찾아왔다.

이윽고 메밀꽃이 지기 시작한다. 아무리 순결하고 아름다운 꽃이라 해도 꽃은 지기 위해 피는 것이라, 이제 때가 된 것이다. 메밀 줄기 끝에 꽃 대신 푸른 알갱이가 생겨나더니 어느 틈엔가 메밀밭이 점점 검게 변해간다. 검은 메밀밭. 메밀밭이라 하면 흰 꽃밭만을 떠올리던 나에게 거무튀튀하게 변해가는 메밀밭은 생소하고 당황스럽기까지 하다. 그러나 나는 비로소 메밀의 온전한 모습을 보고 있는 것이었다.

시월 중순, 갑자기 날이 추워진다는 예보다. 나는 다시 형님에게 달려갔다. 며칠 전부터 아랫녘 동무와 함께 들깨를 베고 터느라고 정신이 없는 형님은 내 긴급 요청에 메밀밭에 올라와보곤 "메밀을 베라"고 처방을 내린다. 그냥 두면 좀더 익겠지만 날이 추워진다 하고 다람쥐 녀석들도 가만있진 않을 테니 베는 편이 좋단다. 형님은 낫을 들고 메밀 베는 시범을 보이고 나락을 서로 묶어 세워 말리는 법까지 가르쳐준다.

"우리 시어머니 말이 천태산 마고할미가 식전에 메밀 열 마지기를 베었다 했느니 메밀은 그만큼 낫질이 쉽다는 얘기야."

형님의 낫질은 정말 조용하고 고왔다. 서두르지도 않고 휘두르지도 않으며 조금도 힘들어 보이지 않게 조용조용 베어낸 메밀대를 한 오라기도 흩뜨리지 않고 빗어내린 듯한 어여쁜 메밀단으로 만들어 보였다.

그런데 더 큰 일은 메밀을 말린 다음 알곡을 떨고 까부르는 작업이었다. 지난 봄 단오장에 가서 버들키 하나를 장만하는 '야심찬' 준비를 하긴 했지만 내 재주는 돈 주고 키를 사들이곤 "형님, 키질도 가르쳐주세요" 하는 수준이다. 나의 속 편한 요구에 스승님은 "안되여" 하고 짤막하게 대답한다. "키질은 어렸을 적에 어머니한테 이년 소리 들어가며 배우는 거여. 그게 그렇게 쉬운 게 아니거든. 나랑 들깨 터는 그 마누라쟁이도 키질을 못해 내가 혼자 하고 있는걸. 지금 해본다 하면 곡식을 디뿌려버리는 짓밖엔 못해. 뭐 소출이 많은 건 아니니까 깨 다 털구 내가 해줄 터이니." 그러곤 형님은 다시 밭으로 돌아가 엎어놓은 고무 함지박 위에서 들깨단을 두드린다. 둥둥 두둥둥, 둥둥 두둥둥, 밭 한가운

데서 형님이 연주하는 그 북소리는 늦가을 햇살처럼 따스하면서도 왠지 가슴 한쪽을 아릿하게 한다. 나는 그 소리를 들으며 메밀을 베어나간다.

메밀을 다 벤 후엔 다람쥐 차례였다. 형님 말에 따르면 메밀은 다람쥐의 '이밥'으로, 까딱하다간 그 녀석이 전부 훑어가고 사람 입에 들어갈 건 하나도 없단다. "아, 그놈은 먹을 것만 있다 하면 밤낮을 안 가려. 그리군 찍찍대면서 제 붙이들을 죄 불러들인다니까." 과연 그랬다. 메밀단을 세워둔 지 한 시간도 되지 않아 한 놈이 아예 메밀단 위에 퍼질러 앉아 두 손을 바삐 놀리며 메밀을 까먹고 있다. 내가 막대기를 휘두르며 소리를 질러대자 그놈은 바로 옆의 나뭇단 속으로 잽싸게 도망간다. 그러나 맛있는 게 눈앞에 있으니 오래 참질 못하고 금방 기어나와 나를 빤히 올려다본다. 마치 "아줌마, 갑자기 왜 그래요?" 하는 얼굴이다. 허참, 이놈 봐라. 형님이 그 '귀여운' 다람쥐를 천하에 못된 짐승이라 하면서 쥐덫을 놓을 때 은근히 그놈 편을 들려고 애썼던 게 겨우 몇달 전인데, 내가 지금 그놈에게 막대기를 휘두르고 있는 것이다. 어때? 지금도 다람쥐가 귀여워? 나는 스스로에게 그렇게 물으며 피식 웃는다. 그냥 며칠만 말리고 털어내자. 녀석도 내가 흘린 메밀 정도는 주워 먹겠지.

맑은 늦가을날, 함지박을 엎어놓고 막대기로 자근자근 메밀단을 두드리기 시작한다. 뎅뎅 데뎅뎅, 뎅뎅 데뎅. 내가 엎어놓은 스테인리스 함지박에선 징소리가 난다. 뎅뎅 데뎅뎅, 뎅뎅 데데뎅. 아, 내 메밀 연주가 건넛산 스님 천수경 염불 소리보다 더 좋게 느껴진다. 내친김에 쭉정이도 골라낸다. 키질을 못하니 선풍기를 돌린다. 선풍기 앞에서 털어낸 메밀을 한 바가지씩 쏟아내니 쭉정이들이 잘도 날아간다. 점심 먹고 시작한 '추수'는 저녁 때 끝이 났다. 나의 첫 메밀을 함지박에 소복하게 담고서 스승님께 내려간다.

"형님, 우리 메밀이에요. 잘 여물었는지 한번 봐 주세요."

형님은 낟알들을 손가락 끝으로 비벼보면서 칭찬을 한다. "자알 여물었구먼." 나도 메밀을 두 손에 가득 쥐어본다. 까칠하면서도 매끄러운 느낌. 아, 산골 새 아기들! 반세기 이상을 다른 이의 수고로운 손이 기른 낟알 덕에 살아온 나도 이렇게 곡식을 지을 수가 있구나. 내가 난생처음으로 이 세상에 불러낸 곡식나라의 새 아기들은 정말 예쁘고 예뻤다.

떠나는 나의 동무들에게

새. 인간에겐 없는 날개를 달고 허공을 나는 새. 그리하여 네발짐승이나 두발짐승들로선 알 수 없는 또하나의 아름다운 세계를 보는 새. 가엾은 인간의 착각과 오만을 가만히 내려다보는 새. 땅에 발을 딛고 살아야 하는 길짐승으로 태어난 나는 새가 좋았다. 그 중에서도 조그만 겨울새가 제일 좋았다.

조그만 새. 두 가닥의 가느다란 다리와 보드라운 한줌의 깃털이 전부인 새. 연한 몸에 조그만 날개를 달고 사나운 것들 득실대는 이 세상에서 때때로 곁에 날아와 아름다운 울음을 들려주고 또다시 사라져가는 새. 그 새들이 겨울을 살아간다. 헐벗은 나뭇가지들 바람에 몸 떠는 겨울숲에서 씨앗 같은 심장을 발딱이며 얼어붙은 공기를 헤쳐가는 작은 몸들. 그 새들의 겨우살이를 보면 선하고 아름다운 목숨들이란 얼마나 겸허하고 얼마나 꿋꿋하게 이 세상을 살아가고 있는 겐지 알 수 있으리라.

한겨울 동쪽 숲 사이가 불그스레해질 무렵이면 노랑턱멧새 무리들이 높다란 소나무 꼭대기에 옹기종기 앉아있다. 떠오르는 아침해를 기다리는 것이다. 밤새 얼마나 추웠을까. 사람은 불 때는 집안에서 겨울옷을 입고도 웅크리고 있는데 새들은 빈 숲에서 서로의 체온을 보태 한뎃잠을 자고는 지금 아침 예불을 올리고 있는 게다. 햇살이 소나무 아래 무덤가까지 번져오면 새들은 공경의 의식을 마치고 여름 냇가의 버들치들처럼 허공 속으로 기쁘게 미끄러져 간다.

퇴곡리 골짜기엔 새들이 많이 모여든다. 오목눈이, 쇠박새, 딱새, 굴뚝새, 오색딱따구리, 청딱따구리, 어치, 때까치, 들꿩, 큰부리까마귀 등등 외에도 소쩍새와 부엉이에 말똥가리 같은 사냥새까지, 그저 내가 이름을 아는 새들만 대충 꼽아도 스무 종류 가까이가 날아든다. 물론 텃새뿐 아니라 많은 철새들도 이곳을 찾아온다. 봄날의 밭두렁에선 호랑지빠귀의 처연한 울음소리가 제일 먼저 들려온다. 그러곤 검은등뻐꾸기, 벙어리뻐꾸기에 이어 뻐꾸기와 찌르레기가 울고 호반새와 꾀꼬리가 울면 세상엔 어느새 아름다운 초여름이 가득하고, 쏙독새가 우는 저녁이면 이상도 하여라, 지금 이곳의 우리가 무엇 하나 더이상 필요치 아니한 그저 평화로운 존재로만 여겨지는 것이다.

그러나 새를 좋아하는 내가 퇴곡리 골짜기에 감동한 까닭은 무엇보다도 겨울철새들 때문이었다. 호랑지빠귀나 꾀꼬리 같은 여름철새들은 부천 아파트 근처 약수터에서도 몇번인가 만나곤 했지만, 겨울철새들을 가까운 곳에서 만나기는 쉽지 않았다. 겨울에 몇번 찾아간 철원에서 보았던 두루미와 기러기들은 물론 신기하고 찬란했다. 하지만 인간의 보호를 받아야 할 처지에 떨어진 너무도 아름답고 너무도 커다란 그 새들은 우리의 일상 속으로 들어오기란 거의 불가능했다. 나는 아무렇지도 않게 찾아와 주는 아무렇지도 않은 겨울철새들이 그리웠다.

철새들. 부드러운 한 쌍의 날개로 흔적 없는 허공의 길을 따라 바람과 햇빛이 다른 멀고 먼 그곳에서부터 우리를 찾아와 주는 새. 그이네들 떠날 즈음이면 우리들 생애도 그처럼 떠나가고 있음을 문득 생각케 하는 새들. 나는 그 철새들 중에서도 겨울철새가 좋았다. 풍요로운 여름 세상의 푸르른 잎새들 사이에서 마음껏 누리다가 떠나는 여름새들보다는 산 것들 사라져간 추운 계절에 찾아와 누비옷 누벼가듯 한 땀씩 한 땀씩 삶의 바느질을 해 보이다 때가 되면 물러가는 겨울철새들이 보고 싶었다.

우리집 서쪽에는 조그만 언덕이 하나 있다. 한때 그곳엔 가을이면 꾀꼬리빛으로 익어가는 논들이 있었다지만 이제는 죽은 이들의 조용한 거처와 산 사람들이 두고 떠난 나무와 찔레 덤불만 남았다. 사람들이 떠난 그곳은 재빨리 사람의 손자국을 없애기 시작해 여름이면 발 들일 틈도 없이 잡풀과 덩굴이 우거진다. 사람이 만든 것들은 그런 기세에 쉬이 기가 죽는 법이라 옛 돌담은 덤불 속에서 거의 다 무너져내리고 마지막 석재들은 천연스런 돌로 되돌아가고 있다. 인간의 것들이 여기저기 흩어져 있고 나무와 풀들이 그것들을 최초의 모습으로 되돌리고 있는, 요즘 세월에 무척이나 희귀해져 버린 이런 장소는 오고가는 여행자 새들만큼이나 우리 가슴속을 아득하게 만들곤 한다. 그곳에 억새가 허옇게 퍼지고 있는 늦가을이었다. 나는 불꽃처럼 피어있는 찔레 열매에 이끌려 며칠이고 언덕을 오르고 있었다.

그곳은 새들의 천국이 되어있었다. 노랑턱멧새들이 안마당의 병아리들처럼 덤불 속을 분주하게 바스락대며 먹이를 쪼고 있다. 마을이 없는 산골짜기에 참새 대신 들어앉은 이 멧새들과 어울려 다니는 쇠박새는 사람 꺼리지 않는 성품을 어쩌지 못해 내 곁에까지 날아와 조잘대다 장난꾸러기처럼 호로롱 날아간다. 수다스런 직박구리들은 찌익쨱액 저희들끼리 엄청 떠들어댄다. 오색딱따구리는 이끼 오른 나뭇가지를 몇번 두드리더니 둔탁한 날개소리를 연거푸 터뜨리며 날아가버린다. 그런데 저쪽 늙은 감나무 꼭대기에 한 무리의 새들이 앉아있다. 망원렌즈로 들여다보니 아, 노랑지빠귀다! 호랑지빠귀가 떠나고 노랑지빠귀가 찾아온 거다. 호랑지빠귀보다 몸집이 작고 노랑 점무늬 찍힌 앞가슴에 노랑 눈썹을 하고 있는 이 겨울철새는 조그만 무리를 이루어 겨울을 살아간다. 여름이 점점 스러져가는 북극 가까운 어느 숲에서부터 여행을 시작한 이 새들은 아마도 나와 한가지로 저 찔레 열매를 사랑하여 이 조그만 골짜기를 겨울 거처로 정한 게였다. 내 곁을 찾아와 준 겨울철새들에게 나는 두 손을 모아 인사했다. 새들은 감나무 꼭대기에서 내려와 무너진 돌담 위를 날아 사람의 옛 터전으로 들어간다. 덤불로 둘러싸인 그곳은 새들의 안전한 놀이터였다. 지빠귀들은 짧은 겨울해가 산을 넘어가려 하면 언덕 위 높다란 감나무에 모두 모여들었다. 잠자리에 들기 전에 식구들의 안부를 다시 한번 점검하는 걸까. 낮에도 그 높은 곳에는 한 마리가 앉아있을 때가 많았다. 아마도 망을 보는 것인지도 몰랐다. 지빠귀들은 그 언덕에서 참으로 행복해 보였다. 그리고 행복한 새들이 지줄대는 소리를 듣는 나도 언덕 아래에서 또한 그렇게 행복했다.

눈이 온다. 세상이 점점 새하얘져 간다. 새들이 궁금해져 언덕에 오르려던 나는 걸음을 멈추었다. 노랑턱멧새들이 언덕 비탈에서 먹이를 쪼느라 정신이 없다. 땅바닥의 풀씨가 주식인 이 멧새들은 눈에 덮인 언덕을 떠나 아직은 눈이 그다지 쌓이지 않은 비탈에서 배를 채우고 있다. 새들은 나를 보자 동시다발, 사방팔방으로 튕기듯 날아간다. 눈 위에선 낙엽 빛깔의 깃털도 그다지 구실을 못하게 되었으니 이 작은 새들을 지켜주는 건 그런 재빠른 동작뿐이다. 그래도 눈이 더 쌓여 마지막 풀씨까지 덮어버리기 전에 한 알이라도 더 먹어야 하는 새들은 금세 다시 몰려들어 바삐 먹이를 쪼아댄다. 하지만 고운 가루눈은 연사흘 그치지 않았고 쌓인 눈은 분명 오래도록 녹지 않을 게였다.

나는 창고 앞이며 수돗가 지붕 밑에 먹이를 뿌리기 시작했다. 오래지 않아 멧새들이 날아왔다. 멧새들과 함께 박새와 쇠박새도 왔다. 아침 동이 트기 전부터 장 밖에선 새들 날개 치는 소리가 들려왔다. 그런데 멧새들 틈에 못 보던 새들이 끼어있다. 멧종다리다! 툰드라에서 살아간다는 조그만 철새. 겨우 참새만한 이 새들에게 도대체 어떤 신비한 힘이 숨어있기에 그 머나먼 길을 오고간다는 걸까. 나는 아득한 저 북쪽, 아마도 우리네 땅보다야 사람에게 덜 시달리고 있을 (그리하여 더 아름다울) 그곳에서 멀리 이곳까지 날아온 작은 새들이 부디 우리 골짜기를 많이 사랑해주기를 빌었다. 이 굳건한 새들은 '멧'자가 붙은 이름으로도 알 수 있듯 겨울 터전에 와서도 산에서만 산다는데 눈에 떠밀려 멧새들을 따라 사람의 마당에까지 찾아온 게였다. 노랑턱멧새와 박새, 멧종다리와 쇠박새는 고향도 다르고 족속도 달랐지만 사람이 만들어놓은 그 다름에 아무런 마음도 쓰지 않고 모두 함께 처마 밑으로 날아들어 먹이를 쪼고는 모과나무 가지에 나란히들 앉아 한참 쉬어가곤 했다.

노랑지빠귀도 조금씩 우리집 마당 위를 날기 시작한다. 그 중 한 마리가 꽃밭가에 내려앉는다. 아, 그곳의 찔레 열매를 먹는다. 새는 마른 풀에 가려져 있던 몇 알 없는 찔레 열매까지 찾아낸 게다. 언덕 위 겨울 양식이 다 떨어진 걸까. 눈이 연사흘 내려 찔레 열매를 모두 파묻고 말았을 때 마을로 내려간 듯싶더니 어느 틈에 다시 돌아온 모양이다. 얼마 되지 않는 마당의 열매를 다 먹고난 새는 밭 가운데 감나무 꼭대기로 올라간다. 이 골짜기는 감나무 보살이 지켜주는 곳이었다. 언덕 위에도 늙은 감나무가 여러 그루 서 있고 사람의 밭 여기저기에도 해마다 열매를 맺는 감나무 열댓 그루가 있다. 크고 싶을 대로 크고, 뻗고 싶을 대로 뻗은 감나무들은 자신의 열매를 사람보다는 새들에게 더 주고 싶어하는 듯했다. 이 감나무에 의지해 한겨울을 살아내는 목숨들은 풀먹이새들만이 아니었다. 나뭇가지 타기 챔피언인 청솔모는 말할 것도 없고 딱따구리 같은 벌레잡이새며 하다못해 너구리 같은 길짐승도 감나무의 은덕을 입었다. 하지만 지난 여름 그토록 비가 쏟아져 열매를 예년만큼 달지 못했고 달린 감도 살이 물러 쉬이 녹아내리곤 한다. 감은 점점 줄어들고 새들은 점점 배가 고파지고 있다. 높은 곳에 앉아있길 좋아하는 노랑지빠귀가 눈밭에 내려앉는다. 떨어진 감쪽을 먹으려는 게다. 검불 한 올까지 모두 삼켜버린 백색의 허허눈밭에서 겨울새는 조그만 점이 되어 얼어붙은 감조각을 몇번이고 쪼아댄다.

또다시 눈이 내린다. 채 녹지 않은 눈 위에 내리는 눈은 금방 무릎 넘게 쌓인다. 지난번 눈을 피해 마을로 내려갔던 직박구리며 어치들도 이번 눈엔 그대로 골짜기에 머문다. 눈이 내리기 시작하면 새들은 조금씩 불안해지는 모양이다. 작은 새들은 마구 마당가로 모이고 부리 옆의 검은 줄무늬로 언제나 쾌활한 복덕방 영감 같아 보이는 어치는 눈 속에서 문득 굴피나무로 날아가더니 몇개 남지 않은 도토리를 하나 따가지고 두 발로 꼭 쥐고 있다. 직박구리는 그 요란스런 울음을 더 높이며 감나무로 날아드는 어치들을 경계한다.

눈발이 커졌다. 앞산 제일 높은 소나무 꼭대기에 앉아있는 말똥가리의 모습도 눈발에 묻혀 점점 희미해져 간다. 말똥가리는 벌써 삼십분 가까이 그 자리에 그렇게 앉아있다. 풀씨 먹는 작은 새들에겐 나의 낟알 한줌이 위로가 될 수 있어도 산목숨 먹는 저 용맹스런 새에겐 무얼 해줄 수 있을꼬. 새는 눈 속에서 자리를 두번 옮겼으나 사냥에 성공하지 못한 채 그냥 산을 넘어가고 만다. 말똥가리의 울음은 매서운 사냥꾼에 어울리지 않게 애달프고 처량하다. 솜털 한줌의 몸도, 날카로운 발톱과 매서운 눈초리로 무장한 강건한 몸도 모두가 다른 이의 은덕에 살아가는 가여운 목숨임에는 조금도 다름이 없는 게다.

눈이 그치지 않는다. 장독대에 하얀 무덤들이 생기는가 싶더니 어느새 봉분들이 사라지고 커다란 동산이 솟았다. 고운 가루눈이 눈발 하나

흩뜨리지 않고 안개비처럼 내려 앞산 소나무들을 점점 한 덩어리로 만들고 있다. 오늘밤쯤에 설해목들이 생겨나지 않을까 걱정스러워 나무들을 올려다보니 새들이 모두 눈 속에 그대로 앉아있다. 멧새와 멧종다리들은 모과나무 가지 사이에 잎사귀들마냥 조용히 돋아있고 밤나무 끝에선 노랑지빠귀가 혼자서 오도마니 눈을 맞고 있다. 언제나 수다스런 직박구리조차 입을 다물고 감나무에 앉아있다. 날개를 거두고 나무 꼭대기에 앉아 맨몸에 눈을 맞으며 천지백의 세계를 물끄러미 바라보는 새들은 삼매에 든 도인들만 같다.

이틀을 내린 눈이 몇번 그치다 내리다를 반복하더니 파란 하늘이 나타났다. 그래도 골짜기는 여전히 순백의 세계였고 무릎 넘는 눈은 아마도 봄비 오시기까지 끈질기게 남아있을 터였다. 그래도 낮이면 지붕에서 눈이 녹아 흐른다. 그 눈 녹은 물이 창 앞에 대단한 고드름을 만든다. 아침해가 오르면 고드름들은 인간의 그 어떤 보석보다 영롱하게 반짝이며 정오가 가까워올수록 빠른 속도로 자란다. 그러나 점심때가 지나면 제 무게를 못 이겨 큰 소리를 내며 떨어져 버리고 저녁이면 조그만 새끼 고드름들이 줄줄이 태어난다. 세상의 백색은 쉽게 물러서지 않고 창 앞에선 고드름들이 쉬지 않고 피고 진다. 자동차는 오래 전에 무용지물이 되었고 퇴곡리 골짜기엔 오는 이도 가는 이도 없다. 나는 아침에 일어나 새먹이를 뿌린다. 그리고 그 새들을 바라본다.

새해 첫달이 그렇게 하얗게 지나가고 있는데 어느날인가 귀가 번쩍한다. 아, 새들 소리가 달라지고 있다! 청딱따구리 수놈이 빨간 빵모자를 쓰고 오동나무 가지 끝에서 갑자기 커다란 소리로 울어 깜짝 놀라기

며칠 전부터였다. 멧새들의 단조로운 소리는 그다지 변함이 없지만 박새의 울음은 확연히 달라져 있다. 박새는 이제 울지 않고 지저귄다. 눈 속에서 산수유와 마가목 가지에 꽂아둔 쇠기름을 부지런히 쪼아 먹던 그 쾌활한 새는 누구보다 먼저 돌아오는 시절을 알아챈 모양이다. 언덕은 아직도 새하얗고 달력의 입춘은 여드레 아흐레 앞이지만 하늘의 기운은 분명 달라지고 있는 게다. 햇살 따스한 날 거실 앞에 나가 가만히 귀를 기울이면 건넛산 산새들 쪼알거리는 소리가 낭랑하게 들려온다. 눈 속에서 먹이 찾는 배고픈 겨울새의 툭툭 끊어지는 소리와는 다른, 청아하고 유쾌한 한 소절의 노래들이다.

인동 덩굴과 찔레 가지에 좁쌀만한 붉은 싹이 오르고 산수유 꽃망울 끝에 노란 점이 내비친다. 남쪽 비탈엔 점점 흙빛이 드러난다. 양지쪽 오죽 아래를 살피니 뱀딸기의 어린 싹이 포릇포릇하다. 북쪽의 손님들이 다시금 여행길에 나서야 할 때가 조금씩 다가오고 있다. 쓸쓸한 나의 겨울 뜨락에 찾아와 몇 알의 열매와 한줌의 낟알로 부축되는 우리 목숨들, 순결한 아름다움을 오롯이 보여준 추운 나라의 새들. 그 새들 길 떠나가면 나는 또 한번의 아리따운 겨울이 그렇게 사라져가는 양을 조금은 허전하게, 그러나 그다지 아쉽지는 아니하게, 슬몃 웃음기 띄울 만큼의 기꺼움으로 호젓이 바라보리라.

새들아 안녕, 노랑지빠귀야 안녕, 멧종다리야 안녕. 풀과 나무들 생겨난 그 오래고 오랜 때부터 너희들을 여행길에 오르게 하던 그 신비한 날개가 다시금 너희들을 고향에 이르게 하리라만 내 손 모아 빌거니, 새들이 부디 무사하게 무사하게 돌아가기를. 그리하여 인연이 허락하면 우리 다시 한번 만나 이 지상의 겨울을 함께 하자꾸나. 내 한 해 동안 열매들 붉게 길러 너희들을 기다리고 기다릴 것이니….

집

지난 연말 우리가 이십여년을 살아온 부천 아파트의 매매계약을 맺었다. 그리고 아이들을 조그만 아파트로 이사시켰다. 큰아이는 일자리가 정해졌고 작은것은 이제 졸업이니 더이상 망설일 이유가 없었다. 그리하여 이태 동안 부천과 퇴곡리를 오가던 어정쩡한 두 집 살림이 드디어 끝나고 진짜 퇴곡리 주민이 되었다.

부천 아파트는 내 인생의 절반 가까이를 담아준 집이었다. 요즘 시절 대한민국의 집은 집이기에 앞서 선량한 이들까지 투기꾼이 되도록 몰아치는 오만불손한 부동산이 되고 말았지만, 부천 아파트는 우리에게 진실로 고마운 둥우리였다.

집. 아이들이 태어나 자라고 가족들이 함께 밥을 먹는 곳. 꽃과 나무와 짐승들이 한 식구로 살아가는 곳. 친구들이 찾아오고 떠나간 이들의 기억이 머물러있는 곳. 낡아가는 것들과 정이 드는 곳. 그리고 무엇보다도 육신으로 태어난 우리들이 먹고 자는 일상 속에서 이 세계와 소통하게 되는 조그마한 장소. 그런 곳이 집이라면 나에겐 지금까지 두 곳의 집이 있었다. 한 곳은 내가 태어나 초등학교 5학년까지 살았던 서울 흑석동 집이고, 또 한 곳은 삼십대 초반부터 오십대 중반까지 살아온 부천 아파트다.

갓 태어난 나에게 처음으로 배당된 이 세상의 장소는 첫번째 집 이층 조그만 다다미방이었다. 3월 초엽이었으니 창 밖엔 나뭇잎 하나 돋아있지 않았겠지만 적어도 하늘과 구름이 보이는 곳이었다. 병원의 조명 대신 그렇게 하늘을 보여준 그 집의 기억은 마당의 꽃과 나무 그리고 개와 고양이로 시작된다. 늙은 엄마의 다섯째 딸로 태어났으니 분명 언니들의 잔시중도 꽤 받았을 터인데 내 기억 테이프의 첫부분은 엄마나 언니들보다는 그 집의 뜨락을 보여준다. 지금도 내 머릿속에는 철마다 마당 어디에 어떤 꽃과 어떤 나무가 어떤 자태로 있었는지 또렷하게 떠오른다. 그리고 동네 아이들과 놀던 기억보다는 그 꽃과 나무들 사이에서 개나 고양이와 어떻게 놀았는지가 더 선명하게 남아있다.

뜨락엔 꽃과 나무가 가득했지만 그 마당에 서 있는 집은 낡은 일본집이었다. 일인들이 남기고 물러간 당시의 일본집들은 대부분 밝은 곳과 어두운 곳이 대조를 이루고 있었는데 우리집도 그러했다. 아래층은 안방과 건넛방을 제외하곤 모두가 어두웠다. 아궁이가 움푹 들어가 있던 부엌도 언제나 침침했고 시커멓게 입을 벌리고 있던 변소는 더 말할 것도 없었다. 커다란 쇠붙이 욕조가 들어앉아 있던 목욕탕엔 조그만 창문이 하나 있긴 했어도 쇠물솥은 목욕탕을 어쩐지 거무튀튀하게 보이게 했다. 이층에 있는 크고 작은 다다미방 두 개는 밝긴 했지만 겨울이 춥고 길었던 때였으니 우리는 주로 아래층을 썼다. 안방은 아이들의 거처였고 건넛방은 아버지방이었다. 아이들이 커가면서 뒤쪽에 방을 하나 더 이어붙여 대학생과 고등학생이던 큰언니와 둘째언니가 함께 썼다. 눈만 뜨면 마당에 나가 놀던 나에게 집안의 기억은 그다지 많이 남아있진 않다. 그래도 목욕탕과 변소는 분명 특별한 곳이었던 모양이다.

목욕탕은 장작과 석탄으로 물을 끓였는데 쇠물솥의 물이 더워지면 아버지가 제일 먼저 목욕을 했고 그 다음이 아이들 그리고 맨 마지막이 엄마였다. 나는 늘 엄마와 함께 목욕을 했다. 엄마는 물이 뜨겁다고 낑낑대는 나를 안고서 어깨에 물을 살살 뿌려주면서 욕조에 들어가 엄마 무릎에 앉히곤 했는데 엄마의 부드러운 살 위에 앉아있으면 어느샌가 물도 그다지 뜨겁게 느껴지지 않았고 기분이 좋아졌다. 그리고 제일 무서운 곳은 말할 것도 없이 변소! 더구나 날이 저물고 나서 변소에 가는 데엔 정말 용기가 필요했다. 언제나 썰렁하고 침침한 그곳의 첫 번째 문을 열면 얄팍한 고무 슬리퍼가 놓여있고 남자용 변기가 한쪽 벽에 붙어있다. 그 차갑고 큰 슬리퍼를 간신히 발에 꿰고 들어가 또하나의 문을 열면 문제의 변기가 있었다. 엄청나게 깊고 시커먼 변기 구멍의 저쪽으로 (더구나 커다란 슬리퍼를 빠뜨리지 않고) 발 한쪽을 내딛으려면 고도의 주의력과 결단력이 필요했다. 게다가 남자용과 여자용 사이에 달랑 매달려있는 밤톨만한 알전구가 내비치는 푸르스름한 불빛은 변소의 공포스러움에 만점의 조명 효과를 내고 있었다. 그러나 어쩔 것인가. 천사가 아닌 이상 볼일을 보아야 하니 나는 종종 언니들을 졸랐다. 지난 시절의 집들은 요즘의 아파트에 비교해보면 딱할 만큼 불편하였지만 그저 네모반듯한 플라스틱 반찬통처럼 내용물이 한눈에 드러나는 아파트에서는 생겨날 수 없는 가지가지 이야기들을 만들어냈다.

그 집 이층엔 아버지의 서재라는, 어린 마음에도 어쩐지 정숙해야 마땅하게 여겨지던 특별한 공간이 있었다. 서재의 책상 앞에 아버지의 뒷모습이 보일 때는 물론 출입금지였다. 하지만 아버지가 외출하고 나면 나는 그곳에 올라가 살그머니 문을 열어보았다. 창호지문으로 스며드는 은은한 빛살 속에서 아버지의 일상 소품들은 더없이 단정했고 낡은 책들은 조금 쿰쿰한, 그러나 무언가 경건하게 느껴지는 내음을 풍겼다. 나는 고양이처럼 기어들어가 아버지 책상에서 만년필 따위를 만지작대다가 서재 창문으로 앞뜰을 내려다보기도 했다. 아, 내가 마당에서 올려다보던 나무들이 다른 모습을 하고 있다! 조금만 손을 뻗으면 나뭇잎들을 바로 만질 수 있을 것 같다. 그 신기한 느낌은 아버지 서재의 특별함을 더욱 특별하게 했다. 혼자서 몰래 드나들던 아버지의 서재에서 나는 아버지에 대한 어린 숭배심을 키웠던 듯하다. 아버지는 5·16 쿠데타로 정치적 소용돌이에 휘말려 십년 가까운 도피생활을 해야 했다. 형사들이 그 집을 드나들고 우리 가족이 감시의 대상이 되었을 때도 아버지의 서재가 전해주던 어떤 공경스럽던 느낌은 내 가슴속에 알 수 없는 자긍심을 일으켜 그 낯선 사람들 앞에서도 그다지 무서움에 떠는 일이 없었다.

결국 우리는 그 집과 헤어져 오랜 세월을 호구지책 마련에 허덕이며 살아야 했지만, 그 집은 내 꿈속을 찾아와 때로는 그리움을 일깨우기도 하고 때로는 편안한 휴식을 주기도 했다. 다른 사람들에게 넘어간 그 낡은 집은 곧 새 집에 밀려났고 마당의 꽃과 나무들도 이 세상에서 영영 사라지고 말았지만 내 가슴속에서 그 집은 오래도록 그 자리에 남아 꽃을 피우고 있었다. 어린 내가 그 집에서 살았던 시간은 십일년에 불과했다. 하지만 어린 시절의 십일년이란 얼마나 긴 시간인가. 지금 되돌아보아도 그 집을 떠난 후의 시간은 눈 깜박할 사이였으니 나는 내 생애의 대부분을 그 집과 그 뜨락에서 살았던 셈이다.

내가 만난 두번째 집은 결혼하여 아이들을 낳고서 살게 된 부천 아파트였다. 흑석동 집을 떠난 지 실로 이십여년이 지났는데도 나의 정서는 집이라면 으레 마당이 있고 꽃과 나무가 있어야 되는 걸로 여기고 있었다. 그래서 셋집을 얻어 살고 있던 부천에서 손바닥만하더라도 흙마당이 있는 집을 사고 싶어했다. 그런데 복덕방에선 결단코 아파트를 권했다. 맞벌이를 한다면서 어떻게 불편한 주택에 사느냐, 그리고 이젠 아파트시대고 그 편이 투자가치도 더 있다, 등등의 이유를 들며 마침 근처에 모델하우스가 열려있는 아파트에 가보라는 것이었다. 그리하여 아파트라는 것도 어디 한번 구경해보자는 마음으로 모델하우스를 찾아갔다. 그랬더니 아침저녁 뛰어다니는 나에겐 아파트가 편리한 점이 많을 듯도 했다. 하지만 예산부족이었다. 복덕방은 마침 일층이 하나 나와 있으니 하란다. 일층이 조금 싸다는 것이다. 복덕방의 부추김에 남편이 거들었다. "일층이니까 나무도 보이고 베란다 앞에 흙도 있으니까

뭘 심을 수도 있을 거야. 모자란 돈은 우리 회사에서 대출 좀 받지 뭐."

일층 아파트에 대해선 나도 대찬성이었다. 두 개구쟁이가 씨름을 해도 아랫집 눈치볼 일 없을 테고 밖에서 뛰어놀던 애들이 오줌 참을 필요도 없이 얼른 들어와 화장실 가면 되고 앞뒤 창으로 나뭇잎도 볼 수 있고 엘리베이터 같은 기구의 도움 없이 집안에 드나들 수 있고…. 이런저런 고심 끝에 마당 있는 집 대신 아파트 일층을 선택한 우리는 20년 융자 끼고 남편 회사에서 대출받고 계 탄 것 다 털어 보태고 등등 하여 드디어 대망의 집을 마련하였다.

우리는 이 기쁜 일을 기념하여 아파트 현관 옆에 라일락과 줄장미 한 그루씩 심고, 베란다 아래 풀밭엔 올망졸망한 풀꽃들도 신나게 심었다. 그리고 개도 길렀다! 그 개는 막차가 끊어진 지하철 플랫폼에서 어정대고 있는 걸 남편이 발견해내 데려온 치와와 잡종이었다. 그 시절만 해도 아파트 단지엔 승용차도 별로 없었고 개를 기르는 가구도 그다지 없었다. 순한 암캐였던 요요는 아파트 꼬마들에게 대인기라 내가 개를 데리고 나가면 아이들이 졸졸 따라다녔다. 아파트에서 우리집은 '요요네'로 통했다. 요요는 서너번 새끼도 낳았다. 요요와 강아지들은 내가 출근한 사이에 아이들의 좋은 동무가 되어주었다.

맞벌이 하는 우리에게 부천 아파트는 다른 수도권 아파트처럼 잠자는 숙소였다. 그래도 5층 건물 1층에 자리한 우리 아파트는 그저 베드룸 노릇만 한 건 아니었다. 부엌 옆에 창고처럼 붙어있는 내 방 창가엔 단풍나무가 한 그루 서 있었다. 사람들이 심어놓은 그 자리에 그냥 뿌리박은 채 하늘에서 내리는 눈비만 먹고도 그 단풍나무는 사철 언제나 아름다웠다. 봄날 연두 잎새 사이에 볼깃볼깃 피어나는 단풍꽃은 족두리의 구슬보다 어여뻤고, 초여름의 잎사귀들은 싱그런 청춘남녀를 볼 때처럼 이유없이 입가에 웃음기를 돌게 했다. 늦가을이면 나는 자기 전에 반드시 커튼을 내려두었다. 아침에 일어나 커튼을 젖히면서 어제와 또 달라진 잎새들에게 마음껏 놀라고 싶어서였다. 그리고 겨울비 오시는 날 단풍의 빈 몸 빈 가지에 무수히 매달린, 얼음이 되기 직전의 투명한 빗방울들은 정수리 파르레한 수도승들처럼 청정했다. 개발제한지역과 그리 멀지 않았던 우리 아파트는 아이들에게도 여느 아파트가 줄 수 없는 것들을 안겨주었다. 휴일이면 나는 아이들과 개를 데리고 근처의 야산으로 나갔다. 아이들이 어렸을 때 그곳은 풀꽃 세상이었다. 애기똥풀, 갈퀴나물, 지칭개, 조뱅이, 엉겅퀴, 짚신나물, 개솔나물, 달맞이, 물봉선, 고마리에 논 옆의 수로엔 수생식물인 부레옥잠까지 피었다. 가을이면 뚝방 위에 앉아 누렇게 익은 벼들을 마냥 바라보는 것도 큰 기쁨이었다.

유치원 꼬마였던 아이들이 중학생 고등학생이 되고 묵은 살림이 늘어나니 국민주택 규모의 아파트는 비좁아진 듯했다. 그래도 그 집을 떠날 생각은 조금도 없었다. 개발제한지역으로 나가는 산책은 내 생활의 중요한 부분이 되었고 아파트엔 나무들이 자라나 제법 그늘도 만들기 시작했다. 맨 뒷동인 우리 아파트 뒤뜰엔 적지 않은 새들도 날아들었다. 아마도 아파트 근처의 야산들 덕분인 듯했다. 직박구리, 박새, 붉은머리오목눈이, 오목눈이, 때로는 호랑지빠귀까지 날아드는 그곳은 나에게 비밀의 정원과 비슷했다. 우리가 심었던 줄장미는 어느새 늙어 꽃을 그다지 많이 달지는 못했지만 가을에 드문드문 피워내는 늦장미는 일품이었다.

아이들이 커가는 걸 지켜본 우리 아파트는 또한 내 부모의 마지막 모습들을 알고 있기도 했다. 퇴곡리에서 가끔씩 상경할 때면 우리집에 머물던 아버지는 작은방에 몇권의 책과 지팡이 하나를 남겨두고 우리 곁을 떠나갔다. 돈만 지불하면 관리실이 알아서 관리를 해주는 숙소로 출발한 우리 아파트는 그렇게 점점 '집'이 되어갔다.

아이들이 군에 입대할 즈음엔 아파트도 낡아 수돗물 줄기가 시원찮아지고 방충망 따위가 너덜거렸지만 그런 사소한 일은 5층보다 높게 자라난 은행나무 숲이 보여주는 가을 풍경을 생각하면 얼마든지 감수할 만한 일이었다. 나는 정말 부천의 우리 아파트가 고맙고 사랑스러웠다. 그런데 아파트는 나만의 것이 아니었다. 아파트가 20년이 되자마자 주민들 사이에선 재개발이란 말이 나오기 시작했다. 재개발이란 5층 아파트가 십몇층 혹은 이십몇층으로 높아진다는 소리였고 그렇게 '재개발'하는 것은 무언가 '이익'을 위해서였다. 그러나 이 세상에 그 '이익'을 보는 일이 어찌 번잡스럽고 복잡스럽고 야단스럽지 아니할 수 있겠는가. 나무가 아름답게 자라고 편안하게 낡은 5층짜리 우리 아파트는 추레하기보다는 점점 희귀해져가는 건축문화재라도 될 법하게 여겨지는데 그런 생각은 그저 내 '견해'일 뿐이었다. 재산의 대부분인 아파트가 재개발되면 얼마간의 이득이 된다는 셈 앞에선 내 개인적 기호는 설득력이 없었다. 얼마간의 이익을 위해 골치아프고 야단스런 절차를 치르느니 나무가 울창해진 5층 아파트에 그대로 살고 싶다는 나의 희망은 풀먹인 모시적삼 입고 대청마루에서 부채질하겠다는 별난 취미와 다를 바 없는 듯했다. 우리는 집을 팔기로 결정했다. 어차피 퇴곡리에 거처를 마련했고 아이들을 분가시키기로 작정한 터였다. 이젠 부천 아파트와 이별해야 하는 것이다. 내 방 창가의 단풍나무와 그 나무에 날아와주던 새들, 우리집 개가 좋아하던 사잇문 근처의 은행나무 숲, 아파트 풀밭 여기저기, 자동차 배기가스를 마시면서도 철마다 피어나던 작은 풀꽃들, 우리 아파트가 산이었을 적부터 그곳에 살고 있던 커다란 플라타너스, 그 가지 사이에 멧비둘기가 만들어놓은 엉성하지만 사랑스런 둥지, 그런 것들과 이별해야 한다. 이제 주민들의 동의에 따라 그런 것들은 이 세상에서 영영 사라진다. 나의 첫번째 집은 일부 군인들의 쿠데타로 사라져야 했지만 나의 두번째 집은 선량한 주민들의 민주적인 절차에 의해 그렇게 사라지는 것이다.

내 생애 마지막 터전은 아마도 퇴곡리 집이 될 성싶다. 퇴곡리 집이 어떠해질지는 앞으로의 내 삶에 따라 다르겠지만 집을 짓기 전부터 마음에 둔 것은 꽃과 나무가 자라는 뜨락과 조그만 차실 하나였다. 차실을 생각한 건 흑석동 집과 함께 사라진 후 아파트에서는 끝내 회복시키지 못했던 그 공간, 어린 나에게 먹고 자고 노는 것 외에 무언가 소중하게 느껴지는 그 어떤 것에 눈뜨게 해준 아버지의 서재와 같은 공간에 대한 아쉬움 때문이었다. 부천 아파트의 25.7평 전 공간은 먹고 마시고 뒹굴고 배설하는 용도로만 쓰였을 뿐이었다. 게다가 텔레비전이 거실 한복판에 모셔져 있는 아파트에 대해선 언제나 무언가 헛헛하달지 그런 느낌이었다. 그런 느낌은 베트남의 어떤 마을에 갔다온 후 더 확실해졌다. 방 두어 칸의 조그만 집들이 옹기종기 모여있는 그 민속마을엔 울타리도 대문도 없었지만 통상 대문이 있을 만한 위치에 집집마다 조그만 새집 모양의 신단을 모시고 있었다. 그 신단의 주인이 부처인지 어떤 토속신인지는 알 수 없으나 아무튼 사람들은 아침에 일어나 제일 먼저 그곳에 향을 올리고 두 손을 모은다는 것이었다. 우리 한국인의 집에서는 신주단지니 업신이니 하는 것들이 구시대의 유물로 모두 물러난 후 텔레비전이 그 자리에 차지한 게였다. 무언가 신성한 것 대신에 들어앉은 그 오락매체는 정말 예전의 신주나 업신보다 더 막강한 권력을 휘둘렀다. 그리고 그뿐, 한국인의 집안에는 우리 마음의 성장을 위한 공간은 거의 없다시피 했다.

꽃과 나무가 자라는 뜨락은 나의 오랜 소망이기도 했다. 나는 퇴곡리 뜨락에 내 가슴 한쪽에 살고 있던 흑석동 옛집의 꽃과 나무들을 불러냈다. 제비 나비가 곧잘 날아들던 현관 앞의 라일락에서부터 닭장 뒤에서 저절로 자라나던 산국에 이르기까지 나는 욕심스러울 정도로 옛 뜨락의 식구들을 죄 불러모았다. 그것은 물론 내 부모와 어린 시절의 추억을 위한 것이기도 하지만 그것보다는 내가 반세기 이상을 살아오면서도 미처 알지 못하고 깨치지 못한 것들을 그 꽃과 나무들에게서 배우고 싶어서였다.

나이가 들수록 자연이야말로 최고의 스승임을 새록새록 깨우치게 된다. 부처님이나 예수님 같은 인류의 스승들은 어리석은 우리들이 자연 속에 살고 나날이 자연의 모습을 대하면서도 지극히 아둔하여 보지 못하고 있는 것들을 자상하게 그리고 지치지 아니하시고 되풀이 되풀이 일러주시는 분들이다. 퇴곡리 뜨락의 꽃과 나무들, 그리고 그이들에게 찾아오는 새와 벌레들, 작은 짐승들의 가르침을 받아 내가 태어난 이 세계에 대해 더 찬찬히 그리고 더 깊게 바라보고 맛볼 수 있게 된다면…. 나는 퇴곡리 집에게 진정 나의 마지막 거처로서 커다란 은혜를 베풀어 주시길 바라마지 않는다.

알 수 없는 그이께서

입춘이 지나니 벌써 딱새가 우리 뜨락을 부산스레 오간다. 제 둥지를 사람의 터전에 마련하려고 유난히도 애쓰는 이 새에게 그다지 마음쓰지 않고 있다간 헛간이나 후미진 뒤꼍에 놓아둔 농기구며 상자 따위를 한동안 쓸 수 없는 사태가 벌어진다. 딱새가 한달 이상 점유하고 떠난 후에도 그 물건들을 재빨리 옮겨놓지 않으면 다시 한번 똑같은 일을 당한다.

지난해 우리집 주변에도 이 딱새 부부가 두세 쌍 있었다. 봄이 되자 식당 창문 앞에 날아와 집 속까지 살피던 부부는 드디어 우리 지붕 어디쯤에 거처를 정한 듯 수놈이 무언가를 물고 부지런히 날아오른다. 암컷이 깃털을 물고 날아가는 양이 보인 후엔 남편 딱새의 불침번이 시작되었다. 거의 온종일 잠깐잠깐 벌레 사냥하러 가는 때를 빼고는 동서남북의 나뭇가지마다 자리를 옮겨가며 주위를 살핀다. 이 지극한 지아비는 특히나 다람쥐에게 예민한 반응을 보였는데 우리 뒤뜰 돌축대 틈에 집을 마련하고 온갖 재주 다 피우며 까불대는 그놈(은 우리집 지붕 위를 제 운동장 삼아 온통 내달리다 그것도 심심하면 쥐의 근성을 못 버리고 지붕 밑 판자까지 쏠아댔다)도 날개 달린 파수꾼의 공격에는 쩔쩔매며 허둥댔다. 나는 머리통을 온통 찍히며 바위 밑으로 허겁지겁 숨었다 뛰었다 하는 그 꾀쟁이의 수난을 보며 낄낄대곤 했는데 아뿔싸, 그 부부가 다락 앞 지붕 밑에 기대어놓은 파라솔 상자를 점거했다는 사실은 까맣게 모르고 있었다. 할 수 없었다. 파라솔은 여름휴가 때 손님들 올 때쯤에야 쓸 수 있겠지 싶었다. 그래도 그 딱새네 새끼들 삐약대며 크는 양이 궁금해서 못 견디겠다. 베란다로 통하는 다락문에 귀를 바짝 들이대고 들어도 아무 기척이 없다. 도대체 얘네들 새끼를 깐 거야 어쩐 거야. 문을 살그머니 열었는데도 여전히 아무 반응이 없다. 이번엔 제법 과감하게 문을 열고 나와 파라솔 쪽으로 목을 빼려는 찰나 후다닥 어미가 튀어나와 다락 앞 참나무에 앉아선 삐삐삐삐 삐삐삐삐 난리가 났다. 미안, 미안, 미안, 내 다시는 다시는 너네 집 엿보지 않을게. 나는 어미에게 싹싹 빌며 쫓겨 들어왔다. 파라솔은 둘째치고 이젠 다락문 개방 절대엄금 조치까지 당한 것이다. 새끼가 다 까 나왔는지 딱새 부부는 엄청 바빴다. 입만 벌리고 있을 새끼 대여섯 놈에게 벌레를 한 마리씩 잡아서 일일이 먹여야 하는 노릇은 참, 사람 새끼 기르는 일보다 절대 덜 수고로운 일은 아니었다. (물론 딱새는 영어유치원 보내기 따위 그런 한숨 나오는 수고까지 할 필요는 없겠지만.) 어쨌든 부부의 그런 수고 이십여일이 지나자 새끼들이 전부 분가하고(세상에, 이십일만 먹여주면 제 갈 길 가니 얼마나 좋을꼬) 나는 그동안의 '방세'로 딱새네 빈 둥우리 하나를 얻었다. 그런데 그 둥우리 정말 절품이다. 딱새 부부는 좁다란 상자 속에 거꾸로 세워둔 파라솔 속으로 굵은 막대기 네 개로 든든한 파일을 박아넣고 그 위에 둥우리를 얽어 얹었다. 보드라운 풀줄기와 거친 잣나무 가지를 적절하게 섞어 둥지를 찻잔모양으로 안정시킨 다음 가장 안쪽은 이끼와 부드러운 깃털로 마감했다. 방충망 고치러 온 목공소 아저씨가 딱새네 집을 보더니 "햐, 사람 집도 이리 만들어야 되는 긴데" 한다.

뻐꾸기들이 울기 시작하고 있었다. 뻐꾹 뻐꾹, 뻐꾸기 울음은 참 이상하다. 그 소릴 듣고 있노라면 왜 그리 구슬퍼지는지 모르겠다. 뻐꾹 뻐꾹, 뻐꾸기 소리가 꽤 가까이서 들린다. 밖을 내다보니 우리집 밤나무에 뻐꾸기가 앉아있다. 어머나, 뻐꾸기 실물 처음 보네. 맨날 소리만 들었는데. 뻐꾸기는 제 모습을 사람에게 내보이고도 며칠을 우리집 둘레에서 더 울고 다녔다. 남편과 점심을 먹고 있을 때였다. 야, 뻐꾸기가 저기 툇마루에 앉아있어. 정말이었다. 뻐꾸기가 바로 우리 눈앞, 아랫집 형님이 살던 시골집 툇마루에 떠억허니 앉아있다. 아니, 저 뻐꾸기… 내 머리에 번개같이 떠오른 건 녀석이 딱새집에 탁란하러 왔다는 사실이었다! 빨리, 빨리… 나는 망원경을 쳐들었다. 과연 뻐꾸기는 시골집 처마 밑 딱새네 집으로 훌쩍 날아든다. 처마가 낮아 뻐꾸기 꽁지만 비죽이 내보이는데 잠시 후 나타난 뻐꾸기는 알 하나를 입에 물고 있다. 놀랍게도 뻐꾸기는 고개를 하늘로 치켜들고 그 알을 통째로 삼킨다! 어머머머, 저, 저놈이… 말을 잇지 못하는데 뻐꾸기는 다시 한번 딱새 둥지로 침입해 또다른 알을 물고 나와 역시 통째로 삼켰다. 알을 삼키는 뻐꾸기의 눈은 어느 맹금류 못지않게 매서웠다. 그 기막힌 일이 벌어지는 동안 근처에선 뻐꾸기 울음이 계속적으로 들려왔다. 뻐꾹 뻐꾹 뻐꾹… 분명 그놈은 이 암컷의 남편인 게였다(뻐꾸기 암컷은 낮게 꾹꾹 하는 소리만 낸다). 여보 잘해, 여보 잘해, 당신 잘할 수 있어. 망보고 있으니 안심해, 안심해… 분명 그런 소리였다. 암놈이 세번째로 침입했을 때였다. 어디선가 딱새 남편이 나타나 날개를 퍼득댔지만 공격을 하진 못했다. 곧 암컷도 달려왔다. 이 작은 부부는 합세하여 뻐꾸기를 내쫓았다. 믿을 수 없는 광경을 전부 지켜본 나는 뻐꾸기가 날아간 뒤에도 한동안 진정이 되지 않았다. 형부에게 그 사건을 이야기했더니 그 못된 놈 알 그 둥우리에 그냥 두어도 될까 한다. 뻐꾸기가 정말 탁란에 성공했는지 어쩐지도 알 수 없었지만 나는 처마 밑 딱새네 둥지에 간섭하지 않기로 했다. 딱새 부부는 그 일이 있고 나서도 여전히 우리 마당에서 바삐 날아다녔다. 딱새야, 뻐꾸기 잘 크고 있니? 정말 딱한 노릇이다만 네가 원래 딱새 아니냐, 잘 키워라. 남편은 딱새를 보며 그렇게 웃기도 했다. 뻐꾸기는 아침마다 근처에서 울어댔다. 저놈, 제 자식 살피러 온 거 아냐? 우리는 그렇게 말하면서도 정말 처마 밑에서 뻐꾸기가 불쑥 튀어나올지 궁금해했다.

열흘쯤 뒤였다. 농기구 창고에 들어갔더니 그 속에서 딱새가 후다닥 날고 있다. 어머나, 너희들 여긴 안돼, 정말 안돼. 나는 두 팔을 휘둘러 딱새를 쫓아냈지만 이미 늦은 때였다. 습기 방지를 위해 한쪽 창문을 열어둔 것이 잘못이었다. 딱새는 출입문 가까운 구석에 세워둔 고추 지

줏대 뭉치 위에 벌써 집을 완성해둔 터였다. 그 앞에 늘어져 있던 더덕망이 딱새네 공사를 금방 눈치채지 못하게 했던 것 같다. 도대체 농사철에 농기구 창고에 드나들지 못하면 어쩐단 말인가. 나는 호미며 낫, 삽 따위 많이 쓰이는 간단한 도구들을 들고 나와 창고 앞에 두긴 했지만 창고 안에서 종종 들고 나와야 할 것들은 한두 가지가 아니었다. 하지만 정말 딱새도 딱했다. 이 새들이 기어코 사람 살림 속으로 들어오려고 애쓰는 건 필경 뻐꾸기 수난을 피하고 싶어서일지도 몰랐다. 물론 그렇게 피하려고 궁리를 하다가도 피하지 못할 운명에 처하면 순순히 뻐꾸기 새끼를 내 새끼로 키우겠지만 아무튼 이 부부는 제 자식들의 안전을 위해 할 수 있는 모든 걸 해보는 듯했다. 그러고 보니 창고 속의 딱새네 집은 뻐꾸기수난을 당한 그 부부가 처마 밑을 포기하고 새로 지은 집인 모양이었다. 이제 딱새 부부는 우리를 물리치고 창고를 독점했다. 우리는 될 수 있는 한 창고 출입을 자제하려고 애썼지만 어쩔 수 없는 적도 있었다. 그런 때는 창고문을 살그머니 열고 딱새네 집과 반대방향으로 고개를 돌린 채 살금살금 도둑놈 시늉으로 기어들어가 필요한 걸 살짝 들고서 나올 때도 고개를 외로 꼬고 나와야 했다. 그러다가도 못 견디고 눈알만 돌려 더덕망 사이로 딱새네 집을 슬쩍 훔쳐보면 딱새 어미는 날 한번 봐준다는 식으로 시치미를 떼고 떡 버티고 앉아있다.

딱새 어미가 창고 창문으로 홀쩍 나온다. 새끼들이 많이 컸는지 어미도 꽤나 바쁘다. 이때다 싶어 창고에 침입한 나는 더덕망 앞에 두 눈을 똑바로 들이대고 딱새네 집을 살폈다. 어머나 이게 뭐야? 노란 주둥이를 함박만큼 벌리고 짹짹대는 새끼들을 기대했건만 내 눈엔 그냥 시커멓고 넓적한 덩어리만 보일 뿐이다. 도무지 뭐가 뭔지 알 수 없네. 눈을 더 크게 뜨고 다시 한번 살피려는데 그 시커먼 덩어리 속에서 조그맣고 까만 구슬 하나가 반짝! 한다. 새끼들은 제 어미가 아닌 이상 그 누가 와도 그렇게 전부 고개를 처박고 한 무더기가 되어 옴짝달싹하지 않아야 하는 모양인데 그 중 호기심 강한 놈 하나가 그만 참지 못하고 눈을 동그랗게 뜨고 날 바라본 게였다. 으아, 나는 터지려는 웃음을 간신히 참으며 창고를 빠져나왔다. 얼마 후 창고에 다시 들어갔더니 주둥이 둘레가 노란 딱새 한 놈이 창틀에 앉아 나를 빤히 쳐다본다. 마지막 남은 새끼였다. 어미는 밖에서 애가 타는데 녀석은 날개 펼 생각은 조금도 않고 말똥말똥 나를 쳐다본다. 구면이신가? 내가 싱긋 웃었더니 그놈 열린 창문으로 호로롱 날아간다.

결국 뻐꾸기의 탁란은 실패로 끝난 모양이었다. 제 새끼 제가 기르기도 만만찮은데 남의 손에 기르려니 그게 어디 그리 쉽겠는가. 하지만 뻐꾸기와 딱새는 아무래도 묘한 관계다. 어째서 뻐꾸기는 남의 둥지에 알을 낳고 딱새는 어째서 저 제 덩치의 대여섯배도 넘는 뻐꾸기를 제 새끼로 알고 키운단 말인가. 이런 기묘한 양육방식이 어느 한쪽에 일방적인 해를 끼친다면 오늘날까지 계속돼 왔을 수는 없었을 게 아니겠는가. 그렇다면 우리 사람의 눈으로 보건댄 흉악한 범죄임이 분명한 뻐꾸기의 탁란이 딱새에게 어떤 알 수 없는 공덕이 되고 있다는 걸까.

지구가 끊임없이 움직이고 있는데도 우리는 그것을 전혀 감지하지 못하듯 이 세계를 영위케 하는 신비한 상호작용에 대해서도 우리 인간은 짐작도 하지 못하고 있는 건 아닐까.

부천 아파트 뒤뜰 단풍나무에 호랑지빠귀 새끼가 날아왔을 때였다. 따로나기 한 지 얼마 되지 않은 이 새끼는 어미를 죽어라 좇아다니며 삐약삐약 울어댔다. 어미는 이 심약한 자식을 내버려두고 훌쩍 다른 곳으로 날아가버렸는데 새끼는 계속해서 울어댄다. 그 어린것의 그치지 않는 울음소리에 날아든 것은 어미가 아니라 박새였다. 조그만 박새는 제 덩치 다섯배는 될 법한 호랑지빠귀 새끼를 보고는 앞뒤로 포롱포롱 날아다니며 고개를 갸웃갸웃 하는 양이 무언가 해주고 싶어 안타까워하는 듯이 보였다. 다음날도 날아온 새끼가 보채면 제일 먼저 나타나는 건 박새였다. 그런 일은 새끼가 더이상 단풍나무에 날아오지 않을 때까지 반복되었다. 작은 새가 그렇게 어린것들의 울음에 민감하게 반응하는 일은 참 놀라웠다. 자신을 방어할 무기라곤 날쌘 동작 하나뿐인 그 작은 새들이 온갖 위험이 득실대는 세계에서 종족을 유지해나가는 비결은 바로 그 지극한 보살핌의 능력인 듯했다. 그렇다면 뻐꾸기 새끼를 길러내는 건 그렇게 강한 모성애를 보이는 작은 새들이라는 사실은 무얼 의미하는 걸까. 그것은 혹시 작은 새들의 생존을 가능하게 해주는 지극한 모성애가 자칫 종족 과잉이라는 재앙을 불러일으키지 않도록 하는 절묘한 방지책은 아닐까. 딱새며 박새, 오목눈이 같은 작은 새들은 자신의 타고난 모성애를 뻐꾸기 새끼들에게도 나누어줌으로써 과잉 번식을 막아 자신의 종족도 안전하게 생존할 수 있도록 하는 건 아닐까. 나의 이런 상상은 '과학적 연구'하곤 한 가닥의 인연도 없는 뭣도 모르는 여자의 엉뚱한 추리일지도 모른다.

하지만 우리 인간의 눈은 제 위치에서 보이는 부분만을 볼 뿐이지 않은가 말이다. 그 눈으로 볼 땐 뻐꾸기의 탁란은 흉악한 범죄이고 작은 새의 뻐꾸기 새끼 기르기는 더없는 멍청함이며 이 세계는 범죄로라도 제 자식을 길러야 하는 비정한 세계이다. 그러나 우리의 세계가 진정 그러하다면 그런 세계에 어떻게 하여 오늘날처럼 기기묘묘하도록 다양다기한 목숨들이 그다지도 풍성하게 생겨날 수 있었겠는가. 뻐꾸기의 범죄와 딱새의 멍청함은 모든 것을 아우르는 온전하신 그이께서 이 세계를 위해 마련해놓으신 어떤 신묘한 자비행은 아닐까. 딱새의 쾌활한 몸짓을 보면서 나는 그런 생각도 해본다.

2 엄마의 수선화

꾸아리

"꾸아리 참 이쁘지. 소림이가 좋아할 거 같아서 사왔어."

엄마는 우리집에 들어서면서 나에게 꽈리 세 가지를 내밀었다.

"야아, 이뻐. 어디서 샀어, 엄마?"

"으응, 역에서 오다가."

"엄마, 또 걸어왔구나."

근처에 아직 역이 생기지 않았을 때 엄마는 우리집에 올 때면 역에서부터 걸어왔다. 노인 걸음으로 20분 이상 걸리는 거리라 택시 타고 오라고 아무리 일러도 엄마는 차비를 아끼느라 꼭 걸어왔다. 그렇게 아낀 돈으로 길거리에서 꽈리를 산 거였다.

엄마는 '꽈리'라는 발음을 못했다. 고향에서 살았던 시간의 두배 가까운 세월을 한국 땅에서 살고 있는데도 우리말 발음은 영영 좋아지질 않았다. 그래서 엄마는 입만 열었다 하면 "이곳 태생이 아니군요" 하는 소릴 들어야 했다. 엄마의 발음은 지문날인 해야 하는 외국인 등록증보다 더 지독한 딱지였다.

갈비를 사러 농협 슈퍼에 간 엄마에게 주인은 갈비 대신 가루비누를 내주었다. 엄마가 '가루비' 달라고 했기 때문이었다. 엄마는 가락동이란 동네 이름을 잊어버리곤 '우동동'이라 했다. 가락국수를 생각하며 이름을 외운 모양인데 중간에 그만 국수가 우동으로 변해버린 것이다. 엄마의 모국어는 욕설이 그다지 풍부하지 못한 언어였던 탓에 엄마는 한국어의 그 무궁무진하고 강렬한 감정표현에 쉽게 익숙해지질 못했다. "아, 그 사람 나쁜 말만 해. 지라리하고 넘어졌다(지랄하고 자빠졌다), 그런 말만 해."

엄마의 자식들은 엄마가 이런 가엾은 수난을 겪을 때마다 허리가 휘어져라 박장대소하였다. 그러면 엄마도 같이 따라 웃었다.

우리 가족이 일본에서 잠깐 살 때 나는 일본어 발음 때문에 종종 아이들에게 구박을 당했다. 네 식구 중에서 발음이 가장 좋은 작은놈에게 특히 면박을 많이 받았다. 그건 일본말도 아니야, 엄마. 나는 그런 소릴 들으면서 비로소 난생처음 엄마의 외로움을 진실로 생각해보았다. 반세기의 세월을 모국어가 아닌 말, 자신을 충분히 표현할 수 없는 말, 자신의 혀와 도저히 어우러지지 않는 말, 자식들에게도 웃음거리가 되는 말로 살아야 했던 엄마의 외로움을 자기자신 외에 그 누가 알 수 있었겠는가.

자식이란 얼마나 철부지이고 이기적인지. 나에겐 엄마의 외로움을 그다지 속속들이 알려고 하지 않은 구석도 있었던 것 같다. 내가 모르는 곳, 별로 알고 싶지도 않은 곳과 그런 곳의 사람들에게 엄마가 그리움을 품고 있다는 사실에 나는 어렴풋한 배신감을 느꼈던 모양이다.

그래도 엄마는 꿋꿋했다. 꽈리를 '꾸아리'라고 할망정 '호오즈키'라는 자신의 모국어로 부르는 일도 없었고 어미의 한국말 발음에 깔깔대고 웃는 자식들에게 섭섭하단 기색도 보이지 않았다. '꾸아리'라는 외로운 말밖에 하지 못했던 엄마의 삶을 부축한 것은 무엇이었을까.

그것은 아마도 엄마에게 '꾸아리'를 안겨주는 아름다운 세상에 대한 사랑이 아니었을까. 모래알처럼 작은 알갱이를 흙 속에서 고물고물 키워내 그리도 황홀한 열매로 환생케 하는 신비한 세계. 그 세계가 보내주는 선물의 이름이 꽈리건 호오즈키건 엄마에겐 똑같은 기쁨이었을 게다. 자투리 헝겊 조각을 꾸준히 모아 아름다운 조각보를 만들어내는 가난한 여인처럼 엄마는 외로움 속에서도 수많은 '꾸아리'들을 모으며 기뻐할 줄 아는 능력을 지니고 있었다.

작년, 엄마의 옛 뜨락에 가보니 꽈리가 풀 속에서 새빨갛게 익어 있었다. 화려한 꽃들이 만발하는 시절에 나무 밑에서 초라한 꽃을 피우던 꽈리가 그 꽃들 다 떠난 자리에서 불꽃을 토해내듯 열매를 활활 매달고 있었다.

엄마의 수선화

이 세상의 꽃. 그것은 내게 제일 먼저 엄마를 뜻한다. 전통적 어머니의 마지막 세대일 우리 어머니들이 겪어온 그 모진 세월 속에서도 엄마는 꽃을 사랑했다.

해방되기 전 어린 두 딸을 데리고 남편을 따라 현해탄 건너 식민지 조선에 온 엄마의 일생은 남다를 수밖에 없었다. 게다가 아버지는 한국 현대사의 왼편에 서 있었으니 엄마의 고난이야 새삼 말해 무엇 하겠는가.

엄마 아버지가 모두 꽃을 좋아했기에 우리집 꽃밭은 언제나 꽃이 풍성했다. 근처 가게에서 쉽게 꽃을 살 수 있는 시절이 아니었으므로 엄마가 우리집 꽃밭에서 꺾어 학교길에 들려주는 꽃은 선생님들에게 대인기였다. 엄마는 후록스니 국화, 다알리아 따위를 아스파라거스와 함께 신문지에 돌돌 말아주며 꽃을 곧추세워 들고 가면 햇빛에 금방 시드니 땅쪽을 향해 들고 가라고 당부했다.

화원에서도 우리집에 꽃을 사러 오곤 했다. 늦가을이었다. 엄마는 뜰의 다알리아를 모두 꺾어 꽃집에 팔아 생긴 돈으로 우리들에게 고구마를 쪄주었다. 다음날 서리가 내렸다. 엄마는 너무도 기뻐했다. 아, 잘됐구나. 정말 잘됐구나. 불쌍한 꽃도 서리 맞지 않고 너희들도 배불렀으니.

어찌 생각해보면 엄마는 바보 같기도 했다. 서대문에서 남편을 면회하고 돌아오던 어느날 엄마는 한 손에 국화빵 봉지를 들고 한 손엔 선인장 혹을 들고 있었다. 길거리에서 주웠던 모양으로 그걸 화분에 심고는 좋아라 했다. 엄마는 꽃꽂이도 잘했다. 그렇지만 뜰의 꽃이 아까워, 아니면 불쌍해 많이 자르지는 못하고 한두 송이 꺾어 거기에 어울리는 잎사귀를 골라 꽂았다.

중학교 2학년 때 교내 꽃꽂이대회가 있었다. 나는 앞뒤 생각 않고 손을 번쩍 치켜들고 우리 엄마가 꽃꽂이를 잘하노라 했다. 담임선생님은 내 형편을 생각했던지 꽃값을 내주었고 엄마는 다음날 남대문 꽃시장에서 꽃을 사들고 학교에 왔다. 초라한 행색의 엄마는 선생님께 꽃값을 받아 죄송스럽다고 몇번이고 말하며 교실 뒤쪽에서 꽃꽂이를 했다. 꽃꽂이대회의 일등상은 물론 엄마의 꽃이 차지했다. 엄마가 꽂은 나리꽃 '오월의 약동'은 전시장 맨 가운데에서 찬란했다.

5·16 쿠데타 이후 우리는 집을 팔고도 살던 동네를 떠나지 못해 혹석동을 왼통 헤매고 다니며 셋방살이를 했다. 그 셋방에 봄이면 선생님들이 가정방문으로 찾아왔다. 고등학교 1학년 때였다. 천장이 가라앉을 듯하게 낡은 지하 셋방이었다. 담임선생님과 함께 집에 들어선 나는 깜

짝 놀랐다. 셋집 마당엔 빗자루 자국이 선명했고 내 앉은뱅이책상 위엔 개나리가 꽂혀있었다. 늦은 봄이라 울타리의 개나리는 꽃이 얼추 지고 푸릇푸릇 새잎이 돋았는데 엄마는 그걸 솜씨 좋게 다듬어 색다른 맛이 나는 꽃으로 변신시켜 놓았다. 엄마는 선생님을 위해 찹쌀떡도 두 개 준비해놓고 있었다.

쫓기고 투옥되고 숨어 살던 지식인의 아내, 혹은 사상가의 아내, 혁명가의 아내, 그런 역할엔 도무지 어울리지 않았던 엄마는 그런 역할을 훨씬 뛰어넘는 비상한 능력 — 천진할 만큼 이승에서의 삶을 사랑하고 꽃 한 송이로도 세상에 태어났음을 고마워하는 능력을 지니고 있었다.

홀로 된 후에도 엄마는 강원도 퇴곡집에서 혼자 꽃밭을 돌보며 살았다. 전화를 해보면 엄마는 아이 같은 목소리로 수선화가 얼마나 예쁘게 피었는지 이야기해 주었다. 그렇게 꽃밭을 돌보다 개울에 나가 발 씻고 손 씻으며 노래도 불렀다 한다. 아마도 엄마 고향의 민요가 아니었을까 싶다.

간경화로 자리에 누운 말년, 정신이 혼미한 상태에서 엄마는 한 손을 가위 모양으로 하곤 연신 무언가를 자르는 시늉을 했다. 얘, 엄마가 지금 퇴곡 꽃밭에서 시든 장미꽃 잘라주고 있나 봐. 우리는 침대 머리맡에서 그렇게 소곤거렸다.

나는 엄마가 떠나고 나서야 엄마 삶의 진정한 가치를 깨달았다. 삶이란 명석함이나 지식으로 이해되는 것이 아님을 아는 데 사십여년의 시간이 필요했던 것이다. 엄마는 아버지 서가에 꽂힌 그 수많은 책 중에서 아마 한 권도 읽지 못했으리라. 그래도 엄마는 그 누구보다도 깊고 풍부하고 감동적인 생을 살았다. 엄마는 꽃과 나무와 풀에서 그런 생을 배웠다.

내가 동물에 가려 있던 식물을 발견하고 청맹과니처럼 눈뜨고도 몰랐던 순환을 생각하게 되고, 관심사를 성공에서 실패로, 기쁨에서 슬픔으로 바꾸기 시작한 것도 모두 엄마와 이별하고 나서였다. 아버지가 칼날 같은 스승이었다면 엄마는 청춘을 지난 나에게 소리없이 스며들던 향기 같은 스승이었다.

과연 나는 어떤 최후의 모습으로 이승을 떠나갈까. 엄마처럼 시든 꽃을 가려주는 그런 모습으로 이곳을 떠날 수 있을까. 엄마는 내게 가장 어려운 숙제를 내민 스승이기도 하다.

수국 꽃잎은 그리 푸르러

풀잎의 꽃이 가고 나무의 꽃도 가고 나면 세상엔 푸르름이 짙어져간다. 꽃이 그리 눈에 뜨이지 않게 된 6월, 수국은 녹색의 비가 내리는 나무 그늘 아래서 핀다.

나는 수국을 그리 좋아하지 않았다. 풀섶에 핀 흰 꽃이나 엷은 향기를 간직하고 숨은 듯 피어나는 꽃들을 좋아하는 나는 모란처럼 소위 탐스럽다는 꽃엔 그다지 마음이 끌리지 않았는데 수국도 가지가 휘어질 듯 함뻑 피면서 별다른 향기가 없기 때문이었다. 수국은 시들 때도 둥근 공 모양의 꽃송이가 그대로 말라붙어 낙화의 운치도 없다.

이런 수국이 새삼 내 눈에 들어온 것은 내 나이 마흔 가깝던 어느 해 여름이었다. 그것은 아름답다는 그런 태평스런 느낌이 아니라 무슨 회한처럼 내 눈에 다가섰다.

수도권 생활에서 하루라도 벗어나고 싶어 벼르고 벼르다 엄마가 있는 강원도 퇴곡집으로 내려간 날, 밤새 비가 내렸다. 이른 아침 눈을 떠 보니 아름다운 여름이 뜨락에 가득했다. 아직도 빗방울이 후두둑 떨어지는 나무 그늘에 하늘하늘 은빛 목걸이가 걸려있었다. 발음부터 무언가 음울하게 느껴지는 거미라는 거무틱틱한 버러지가 짰다고는 도저히 생각할 수 없는 그 환상적인 레이스 목걸이 아래 수국이 푸르게 피어있었다. 나는 그때 비로소 수국이 왜 '수'국인가를 알게 되었다. 빗방울에 젖은 그 꽃은 말 그대로 푸른 꽃, 너무도 청순하여 지상에는 존재하지 못할 그런 꽃 같았다.

그러나 그 아침 나를 아프게 내려친 것은 수국이 아니라 수국 앞에 서 있는 엄마의 하얀 머리칼이었다. 수국은 그리도 푸른데 엄마의 머리칼은 희기만 했다. 엄마의 저고리도 그 빛이었다. 평생을 빨고 빨아 아무런 색도 남아있지 않은 그런 빛. 엄마는 구부정한 허리로 아무 말 없이 수국을 향해 있었다. 푸른 수국을 향해 평온하게 서 있는 흰 머리칼의 노인, 그 뒷모습은 세상의 아름다움을 바라보면서 단지 그 아름다움을 사랑할 뿐 아무런 욕망도 일으키지 않는 그런 모습이었다. 나는 난생처음으로 팽팽한 젊음보다 스러져가는 늙음이 얼마나 크나큰 감동인가를 가슴 아리게 느껴야 했다. 나의 검은 머리칼이 얼마나 경박스럽던지….

엄마는 소리없이 살았다. 무슨 대단한 논리나 이론을 편 적은 한번도 없었다. 그저 아이처럼 순수하게 살았다. 내 나이 어려 되바라진 수작할 때도 엄마는 노여워하지 않았다. 나는 엄마의 흰 머리칼을 보고서야 엄마의 그런 삶을 되삭여볼 수 있었다.

그날 이후 엄마의 흰 머리칼은 이상스런 평화의 힘을 지니게 되었다. 엄마는 점점 어린아이처럼 쇠약해져갔지만 자신의 쇠약해짐을 원망하기는커녕 어린아이의 맑은 눈을 회복해가는 듯 세상만물을 경이롭게 바라보고 있었다.

엄마와 함께 차를 마시고 있으면 창가의 햇빛이 너무도 아름다웠고 엄마가 침침해져가는 시력으로 살핀 금붕어 지느러미와 꽃봉오리 이야기를 할 때면 나는 이상한 행복감에 사르르 잠이 올 듯했다.

나는 지금도 무언가에 시달릴 때면 그 여름의 수국과 엄마의 흰 머리칼을 생각한다. 그 누구보다도 특별난 고난을 겪으며 갖가지 세상사에 시달린 끝에도 그리 평화로운 경지에 도달할 수 있었던 엄마의 힘은 과연 무엇이었을까를 곰곰 생각해본다.

들국화

오십이 가까운 지금껏 나는 형제들 사이에서 '꼬마'로 불린다. 언니가 자그마치 넷인 데다 큰언니와는 열두살이나 차이가 있기 때문이다. 바로 위 언니와도 네살 터울이라 언니들은 항상 나보다 한 세대가 위였다. 내가 초등학생일 때 언니들은 중학생 이상이었고 내가 고등학생일 땐 모두 대학생이거나 이미 아이엄마였다.

그런 내가 언니들 틈에 끼게 되고 같이 늙어가는 자매임을 느끼기 시작한 건 나 자신도 아이엄마가 되고부터였지만, 엄마 아버지가 모두 떠나고 나자 '자매'라는 이 세상에서의 끈이 정말로 소중하게 느껴졌다.

아버지가 자리에 눕는 모습도 뵈주지 않고 매정하리만치 훌쩍 떠나버렸을 때 우리는 더럭 겁이 나 엄마만이라도 꼭 붙들고 싶었다. 하지만 그 엄마도 내가 외국에 가 있는 동안 떠났다. 우리는 또다시 모두들 소복을 차려 입어야 했다.

요사이 장례는 상주가 출세한 경우일수록 더욱더 사교나 비즈니스 모임 비슷해 문상객들은 서로 명함을 주고받는다. 평토제가 끝나자 동생은 조객들에게 인사하며 곧 산을 내려갔다. 맏사위도 산을 내려갔다. 집안에 상청을 차리지 않는 요즘인지라 사람 떠나보내는 절차는 그것으로 끝이었다.

딸들은 쉽게 산을 떠나지 못했다. 엄마에게 좀더 좋은 딸이 되지 못했다는 회한과 아들이 아니었기에 병든 엄마를 큰소리치며 보살피지 못했다는 안타까움과 끝끝내 혼자일 수밖에 없는 사람의 외로움이 가슴에 사무쳐 언니들은 오래 울었다.

외국에 있어 엄마 임종도 못했던 나는 한국에 돌아와 언니들과 함께 엄마 무덤을 찾아갔다. 햇살 맑은 추석 무렵의 가을이었다.

우리들은 제각기 꽃이며 과일, 떡을 들고 나들이 가는 작은 아씨들처럼 재잘댔다. 언니들은 무덤 앞에 음식을 늘어놓았다. 까다로운 격식에 맞춘 제사 음식이 아니라 모두 엄마가 좋아하던 음식과 꽃이었다. 딸들은 도포자락 여미고 석잔 술 올리는 그런 절차도 하지 않았다. 그저 우리 어렸을 적, 엄마 앞에 세배하듯이 절을 하고 웅석 섞인 말도 했다. 엄마, 꼬마가 왔어요 하고 보고도 하고, 엄마의 서툰 한국말 발음을 흉내내어 서로 이름을 부르기도 했다. 엄마의 그 서툰 한국말 발음은 그 어떤 정확한 한국말보다도 우리를 그리움에 사무치게 했다. 우리들은 엄마 흉내를 내다 말고 엄마의 고난이 생각나 눈물을 흘리기도 했다. 그러다간 아버지에게 집단으로 야단맞던 이야기를 하고 이젠 자기들이 아이들에게 아버지와 똑같은 잔소리를 하고 있다며 깔깔댔다.

엄마는 말년에 우리들에게 "아들 다섯을 둔 것보다 행복했다"고 말했다. 꿋꿋하긴 했지만 결코 사려깊거나 자상한 딸들은 아니었던 우리들에게 그런 고마움의 말을 하고, 고난의 연속이었던 자신의 생을 "행복했다"고 말하는, 엄마는 그런 사람이었다.

우리는 부모 무덤 앞에 자리를 깔고 앉아 세뱃돈 받는 어린 딸들처럼 제상의 과일을 내려 나누어 먹었다. 엄마, 동생들을 이렇게 많이 낳아주셔서 고마워요, 우리 모두 즐겁게 지내요. 큰언니가 그런 소릴 했다.

나는 언니들을 새삼 다시 바라보았다. 언니들은 길에 나서면 골목이 훤해질 만큼 곱던 여자들이었다. 그러면서도 얼마나 굳셌던가. 5·16 쿠데타 이후 아버지가 쫓기고 숨어다녀야 했던 십년 가까운 세월 동안 언니들은 우여곡절을 겪으며 학교를 다녔고 일자리를 구했다. 그런 언니들이 어느새 앞머리 언저리가 희끗희끗해지고 눈가에 실주름이 잡혀있다. 모두들 소복이 어울리는 나이가 된 것이다. 어미 잃은 딸들이 이제 스스로가 어미가 된 것이다.

공원묘지 여기저기에 들국화가 피어있었다. 엄마는 한국의 들꽃을 사랑했다. 말년엔 상두가(상엿소리)도 좋아했고 병석에선 물김치를 찾기도 했다. 생전에 김치맛을 몰라 맛있는 김장을 담그지 못해 애쓰더니 말년 자리에 누워서는 김치를 찾던 엄마. 엄마의 무덤은 점점 산이 되어가고 있었다. 살아생전 아버지는 엄마가 죽으면 뼈 절반은 고향에 묻어주마고 농 삼아 말하곤 했지만 엄마의 무덤은 한국의 산도, 일본의 산도 아닌, 그저 하늘을 우러른 산이 되어있었다.

산등성이의 여름풀은 누릇누릇 변해가고 벌레들이 아침 이슬처럼 무성하게 운다. 이제 엄마는 흙이 되어가는구나, 일본에서나 조선에서나 엄마가 좋아하던 꽃들을 피워내주던 그 흙이 되어가는구나.

어머니, 다섯 딸로 조선땅에서 행복하였다는 우리의 어머니, 이젠 어느 곳에 그 누구의 어머니로 환생하시어 어린것들을 보살피시려는지요. 문득 눈을 들어 바라보니 들국화 위로 새물내 가득한 조선의 가을 하늘이 끝없이 끝없이 푸르렀다.

감나무

어렸을 때 내가 부러워하던 것 중의 하나는 '시골'이었다. 아이들은 방학 때 다녀온 시골 이야기를 잘도 하는데 나에겐 다녀올 시골이 없었다. 아버지의 고향은 이북으로 일가친척이라곤 월남해온 몇명의 사촌들뿐인데 그 사촌들도 우리집 근처에서 옹기종기 모여 살고 있었다. 엄마의 고향은 더구나 바다 건너 남의 나라였으니 아버지의 이북 고향보다 더 멀게 생각되었다.

엄마에겐 남동생과 여동생이 있었고 엄마 삼촌이며 사촌들까지 모두 엄마 고향에 살고 있었다. 그런데 왜 그랬는지(아마도 내가 어렸을 때부터 일본에 대해 받은 학교 교육의 영향이 컸을 것이다) 그 일본땅의 사람들에 대해선 도무지 친척이라는 느낌도 없었을 뿐더러 그 사람들에게 그런 느낌을 갖지 않는 게 너무도 당연하게 생각되었다. 엄마는 현해탄을 건너온 지 이십년도 더 흐른 뒤에야 처음으로 고향의 가족들을 만날 수 있었다. 엄마가 조선땅에서 치른 갖가지 고난을 생각하면 그 이십몇년 만의 상봉이 어떠했으리라는 건 구태여 말할 필요도 없을 게였다. 꿈만 같았을 짧은 귀향을 끝내고 돌아온 엄마는(엄마는 우리들에게 그동안 한국 생각이 한번도 나지 않았노라고 고백하기도 했다) 우리들에게 고향의 형제와 일가친척들 사진을 보여주었다. 기모노를 입은 엄마의 여동생은 선량해 보였고 남동생은 인물이 훤칠했다. 그런데 그뿐이었다. 나는 여전히 그 사람들을 '엄마 동생'으로 불렀다.

엄마가 세상을 떠난 후 우리 형제들은 우리가 엄마의 고향에 대해 너무 무심했다 싶어 한번 엄마의 고향에 가보기로 했다. 남편의 동경 근무로 우리 가족이 전부 일본에 있을 때였다.

니이가타 앞바다에 있는 엄마의 고향 사도 섬은 일본 전통문화의 뿌리가 깊은 곳으로 예향이라 할 만한 곳이었다. 니이가타 공항에 눈이 내린 날 우리 형제들은 페리를 타고 사도 섬으로 향했다. 그리고 '엄마의 남동생'을 만나 그 집 불단 앞에 섰다. 일본 사람들은 집마다 불단을 마련해두고 그곳에 돌아가신 분들의 위패를 모시고 있었다. 우리들은 난생처음으로 '엄마의 어머니' 위패 앞에 나란히 서서 조선식으로 두배 반의 예를 올렸다. 처음으로 가슴속에 외할머니란 말이 떠올랐다. 외할머니, 이제야 왔습니다. 엄마의 형제 친척들은 우리를 따뜻이 맞이해주었다. 주먹만한 스시(생선초밥)를 한상 가득 차리고, 사도 섬의 이곳 저곳을 안내해주었다. 일본도 역시 농촌의 인심은 후덕했다. 엄마 고향 방문을 마치고 동경에 돌아온 나는 서투른 일본어로 감사의 편지를 보냈다. 그 편지에서 처음으로 엄마의 남동생을 오지상(삼촌)이라 불렀다.

그 해 가을 사도 섬에서 소포 꾸러미가 왔다. 감이었다. 사도 섬은 일본에서 유명한 감 산지였다. 오케사가키('오케사'는 사도 섬의 대표적 민요이니 '사도 오케사가키'란 우리식으로 말하면 '정선 아라리 감'쯤 되는 이름이다)로 알려진 엄마 고향의 감은 단맛도 뛰어나고 과육이 부드러우면서도 아작아작했다. 나는 그야말로 난생처음 '시골'에 있는 친척으로부터 그 시골 땅의 토산품을 받아본 것이었다. 나는 비로소 내가 일본과 떼려야 뗄 수 없는 인연이 있음을 느껴야 했다. 오지상 고맙습니다. 나는 감을 접시에 담아 내 책상 위 엄마 사진 앞에 올려놓고 합장을 했다. 눈물이 흘렀다.

고향이란 무얼까.

그것은 호적에 올라있는 출생지가 아니었다. 성장하여 그곳을 떠나고 나면 '부동산'이 되는 그런 토지도 물론 아니다. 아니면 그곳 출신끼리 세력을 만들어 이런저런 것들을 도모케 하는 그런 곳은 더더구나 아니다. 엄마는 고향에서 살던 기간의 두배 이상을 한국에서 살았지만 한국은 결코 엄마에게 일본 사도 섬 하무찌를 대신할 수 없었다. 사도 섬 하무찌. 그곳은 엄마를 엄마로 만들어낸 곳이었다. 그곳의 지(地), 수(水), 화(火), 풍(風)은 엄마의 살과 피를 만들어냈고 엄마의 기쁨과 슬픔을 이루었다. 엄마가 십대에 사도 섬을 떠나 동경에서 공부하다가 외국 남자를 만나 타국으로 건너간 뒤 이십년 이상이 흐른 뒤에도 그러한 '고향'으로 돌아갈 수 있었던 것은 엄마의 고향이 농촌인 데다 다행히 일본의 농촌이 우리네 농촌처럼 그렇게 피폐하게 해체되지 않은 덕분이기도 했다.

엄마 사진 앞에 놓인 오케사가키를 다시 한번 바라보았다. 감나무는 엄마의 고향이었다. 엄마가 태어난 그곳의 흙과 물과 바람과 햇빛을 한 알의 열매에 오롯이 담아 내 몸과 내 피 속에 넣어주는 감나무야말로 고향이었다. 하무찌엔 그 옛날처럼 여전히 감나무들이 살고 있었다. 그 감나무들은 이미 반세기도 전에 그곳을 떠난 젊은 처녀 사요코가 흙으로 돌아간 후에도 그네의 다섯째 딸에게까지 아련한 고향의 향기를 전해준 것이었다.

그 여름의 쏙독새

새는 왜 우는 걸까. 조류학자들은 새들이 텃세권 주장이나 짝짓기를 위해 운다고 말한다. 그렇긴 해도 새의 울음에 그런 실용적인 목적만 붙이는 건 무언지 부족하게 느껴진다. 어슴새벽녘 잠결인 듯 꿈결인 듯 내 머리맡을 찾아오던 새가 있었다. 아버지의 퇴곡집에서 여름밤 공기가 서늘하게 가라앉으면 내 귓속으로 꼴깍거리는 시냇물 소리를 부어넣어주던 새. 아슴푸레 잠에서 깨어나 자리를 고쳐 누우며 듣는 그 쏙독새 소리엔 내 누운 자리가 아슴아슴 이승 같기도 하고 저승 같기도 했다.

평생 자신의 신념에 따라 꿋꿋하게 살던 아버지는 엄격하기만 했다. 여느 아이들처럼 길거리에서 무얼 사먹어도 여지없이 야단을 맞았다. "길거리에서 무얼 어적대며 먹는 것은 전쟁터에 나가는 군인들이나 하는 일이다. 우리나라에도 미군들이 들어온 후에나 그런 짓들을 하게 됐다." 그래서 나는 옷핀으로 꼭꼭 찍어먹는 길거리 리어카의 해삼은 끝내 먹어볼 수 없었다. 성인이 되어서도 야단맞기는 마찬가지였다. 머리는 텅 비어가지고 겉멋만 돈군다, 밤낮없이 거울이나 들여다보면서 그 거울 닦을 줄은 모른다, 여자애들이란 시집가면 모두 암탉이 되어버린다…. 사위들도 못마땅했던 아버지는 딸들에게 '이서방 김서방'과 결혼해 "살진 돼지들처럼 산다"고 늘 야단이었다. 우리는 밥상머리에서 아버지 비난을 듣는 게 좋을 리 없었다. 하지만 나는 아버지가 떠난 후에야 아버지는 사랑도 분노로밖에 표현할 수 없던 그런 시절을 살았음을 생각해볼 수 있었다.

영동고속도로는 아버지 살아계실 그때에도 휴가철이면 지긋지긋하게 막혔다. 아침에 출발한 우리는 하루 내내 기어서 저녁밥도 끝난 시간에나 퇴곡집에 도착하였다. 자동차 소리에 아버지가 뛰어나와 혀를 끌끌 차며 아이들을 안아올리는데 머리카락까지 흩어진 아버지 얼굴이 파싹 늙어있다. 아버지는 하루종일 우리를 기다리느라 완전히 허연 노인이 되어있었다.

자식들에게 지극히 객관적이고 냉정할 정도였던 아버지가 그토록 우리를 기다릴 거라고는 생각도 않았기에 우리는 도중에 많이 늦는다는 전화 한통 하지 않았다. 자식과 손주들에게 무슨 사고라도 생긴 게 아닐까 노심초사하는 '이서방 김서방' 같은 모습이 아버지에게 있었다니. 나는 아버지의 그런 모습이 놀라우면서도 한편으론 아버지가 이젠 늙은 걸까, 그런 쓸쓸한 감도 없지 않았다. 그러나 그런 쓸쓸함도 잠깐뿐, 아버지는 여전했다. 그 다음날부터 우리는 마당의 풀도 안 뽑는다고 야단맞았고 집 근처 아무데고 뒤를 보고 쓰레기를 버리고 가는 행락객들에 대한 비난을 들어야 했다.

여름휴가 때나 며칠 머무는 아버지집에서는 늘 그 여름철새의 울음이 들려왔다. 비몽사몽 중에 그 소리를 들으면 어려서 기어들어가 잠들던 아버지 침대 속에 있는 듯한 착각이 들기도 했다. 그러나 아버지는 어느새 손주들을 품에 안으며 "너, 사람 사는 게 무언지 아니" 하고 묻는 늙은 할아버지가 되어있었다.

철부지였던 나에게 맑스 엥겔스 이야기를 해주던 아버지. 아버지는 그 맑스 엥겔스로 하여 당신의 장년기를 은둔의 시간으로 보내야 했고, 그 은둔에서 풀려나와선 자신의 뜻을 진지하게 이해해보려고 노력하지 않는 딸들로 하여 다소간의 씁쓸함을 느끼기도 하였을 터였다. 그러나 당신 말년, 당신은 사람 사는 게 정말 어떤 것이라 생각하고 있었을까. 정말 사람 산다는 건 무얼까. 아버지 떠난 후 곧이어 소련과 동구라파가 무너져내렸다. 그렇다면 평생 자신의 신념을 위해 자신과 가족들의 고난을 무릅써온 당신의 삶은 실패였다는 걸까. 아니, 인생의 실패와 성공이 정말 그렇게 쉽고 명백하게 갈라질 수 있는 건 아닐 게다. 아아, 원의 중심에서 빗나가게 되는 길은 왜 그리 무수한지. 그러하기에 또한 원의 중심에 이르는 길도 무수하다 하겠으나—.

오대산 진고개에 4차선 아스팔트가 뚫리고 나선 아버지의 옛집에서 그다지 들을 수 없었던 쏙독새가 퇴곡리 우리집에서 다시 들리기 시작한다. 흰 머리칼이 점점 늘어나고 있는 나는 그 소리에 그저 귀를 기울인다.

아버지의 꽃

중학교 이학년 때 5·16 쿠데타 이후 좌익검거 특별법에 쫓기는 아버지와 단둘이 일년 가량 숨어 산 적이 있었다. 쿠데타 초기 코앞까지 들이닥친 죽음의 비수를 일촉즉발로 피했던 아버지는 그후 이런저런 은거지를 거쳐 둔촌동에서 살고 있었다. 그곳엔 꽤 이름있는 약수터가 있어 위장병을 고치러 온 할아버지를 가장할 수 있었다. 지금은 빽빽한 아파트의 숲이 돼버린 둔촌동이지만 그 시절 그곳은 천호동 버스 종점에서 진흙길로 사십분 가량 걸어 들어가야 하는, 논밭뿐인 허허벌판이었다. 이제는 흔적도 없이 사라진 둔촌동 약수터는 병마개가 튀어나갈 정도로 강력한 탄산 성분의 약수가 나오던 곳으로 인근에선 약효가 좋기로 유명했다.

그 약수터 가까이에 포도원이 있었다. 아버지는 포도원 일꾼들을 위해 창고 안에 들인 조그만 방에서 살았다. 그곳에서 나는 아버지의 조석을 끓이며 명동에 있는 중학교를 오갔다. 나이 찬 언니들과 엄마는 늘 형사들의 감시 대상이었지만 겨우 중학 이학년이었던 나는 그 감시망에서 제일 안전한 편이었다.

수염을 길러 할아버지의 행색이 된 아버지는 약수물도 떠오고 논두렁 밭두렁을 걸어 멀리 산책도 나가고 밤이면 호롱불 밑에서 독서를 했다. 아마도 그 책들은 전부가 '무시무시한' 금서였을 게였다. 지금에야 그런 책들 무시무시하기는커녕 대낮 한길 바닥에 활짝 펼쳐져 있다 해도 지나가는 강아지조차 관심을 보이지 않게 되고 말았지만 당시의 아버지에게 그 독서는 자신의 혼신을 다한 일이었을 것이다. 휴일이면 아버지는 어린 나에게 "맑스 엥겔스가…"로 시작되는 이런저런 이야기를 해주었는데 지금 생각해보면 그것은 당신이 독서에서 새롭게 터득한 것들이 가슴속에서 저절로 밀려나왔기 때문일 터였지 싶다. 그렇지만 열두살짜리가 무얼 알아들었겠는가. 나는 고등학생이 되어서나 그 맑스 엥겔스가 한 사람이 아니라 두 사람이라는 사실을 알았을 정도였다.

아버지는 특별조치법이 소멸될 때까지 팔년을 그렇게 숨어 지내다 세상에 나온 후 돌아가실 때까지 당신의 소신을 조금도 굽히지 않았다. 하지만 당신이 떠난 후 소련과 동구라파는 급격히 무너져내렸고 당신이 그토록 비판을 아끼지 않던 미국은 오늘날까지 승승장구를 거듭하고 있다. 나는 가끔씩 아버지와 지내던 그 시간과 그때 아버지가 들려주던 이야기들이 지금 내 속에서 무엇이 되어있을까를 생각해본다. 하지만 지금까지 기억에 남아있는 것은 아버지의 이야기나 훈계보다는 포도원의 우물과 연못, 그 연못에서 헤엄치던 거위, 밤하늘에 쏟아질 듯 매달려있던 별들이라고 하면 아버지는 섭섭해 하실까.

포도원의 겨울은 혹독하게 추웠다. 허허벌판에 거칠 것 없이 몰아치는 칼바람은 두레박 줄을 아이스케키처럼 만들었다. 그 아이스케키 줄을 끌어당겨 두레박을 올려보면 절반 이상 얼음덩어리가 된 두레박에선 물이 반 바가지도 나오지 않았다. 밤이 되면 온기에 굶주린 창고의 쇠문고리는 사람 살을 파먹을 듯 쩍쩍 달라붙었다. 그런 밤에 오줌이 마려 잠이 깨면 나는 멀리 떨어진 변소까지 가기가 싫어 창고 바로 앞에서 엉덩이를 내놓고 오줌을 누었다. 이불 속에서 붙들고 있던 얼마간의 온기가 순식간에 사라지고 이가 딱딱 부딪쳐오고 귓가엔 소름이 돋아 볼따귀가 빳빳해져 오는데 문득 올려다본 밤하늘은 온통 별, 별, 별, 당장이라도 머리 위로 와그르르 쏟아져내릴 듯한 별밭이었다. 나는 목이 아프도록 별들을 올려다보느라 오줌을 다 누고도 한동안 엉덩이를 내놓은 채 그대로 쪼그려 앉아있었다.

아버지는 어린 나에게 천문학자들이 절망하지 않고 살아가는 게 이상하다고 말한 적이 있었다. 하늘이 아닌 땅 위 인간들의 문제에 골몰하고 있었던 아버지는 땅 위의 것에 대해선 절망이 필요없을 만큼 완벽하게 터득하고 있다고 자신만만했던 것일까. 혹은 절망스런 하늘의 것에 그다지 관심을 갖지 아니해도 땅 위에선 어느 정도 절망스럽지 않게 살아갈 수 있다고 생각했던 걸까. 아니면 진실로 하늘의 것이 절망스러워 오로지 인간의 것에만 골몰하려 했던 것일까. 그리고 어찌하여 하늘의 것에 대해 알 수 없다 하여 곧 절망스러워야 했던 걸까. 지금 생각해

보면 아버지는 오십대 중반까지도 패기만만하고 흔들림 없는 유물론자였던 것 같다. 그러나 나는 그저 엉덩이를 내놓고 오줌을 누는 어린 새끼였다. 그 새끼는 제가 알지 못하는 것, 닿지 못하는 것에 대해 절망을 느낄 지력도 능력도 없었으니 그저 입 벌리고 찬탄하고 두 눈을 깜박일 뿐이었다.

포도나무들은 여전히 꿈쩍도 하지 않지만 2월이 되면 포도원은 무언가 달라지기 시작했다. 아버지의 해진 이불을 꿰매고 있는데 창 밖에서 뚜욱, 뚜욱, 무언가 쪼개지는 소리가 들려왔다. 연못 쪽이었다. 포도원에 물대기를 하려고 만들어놓은 조그만 연못의 얼음이 희한하게도 그렇게 큰 소리를 내고 있었다. 나는 연못가 마른 풀 위에 앉아 둔탁한 소리와 함께 얼음 위에 쫙쫙 그어지는 흰 줄을 바라보았다. 그 소리가 들려오고 며칠 뒤에 연못으로 나간 나는 정말 어여쁜 광경을 보게 되었다. 포도원을 지키고 있던 거위가 연못 위에 동동 떠다니고 있는 게였다. 주인집 앞마당을 지날 때마다 하모니카 같은 목청을 울려대며 목을 있는 대로 다 빼어들고 노란 주둥이로 나를 겨냥하고 쫓아오곤 하던 거위였다. 짐승을 그다지 무서워하지 않는 내게도 제법 겁나게 보이던 그 거위가 연못 속에서 고니처럼 우아했다. 얼마 전에는 혼자 낳은 알을 죽어라 품고 앉는 청승을 떨어 주인을 걱정시키기도 했던 거위였다. "헤헤, 거위야, 바보 거위야, 좋으니? 헤엄치니 좋으니?" 나도 연못가 플라타너스에 기대앉았다. 나무 등걸에 얼굴을 대보니 따스했다. 나는 그 나무가 좋았다. 잎이 다 떨어진 플라타너스는 굵은 가지만 죽죽 뻗어 꽤나 씩씩하게 보이는데 장난꾸러기처럼 방울을 대롱대롱 달고 있다. 나는 아주 꼬마였을 적부터 기다란 자루 끝에 탱글탱글 매달린 그 방울을 하나만이라도 손에 쥐어보고 싶었다. 하지만 나무에 기어올라가 그걸 딸 재주가 없었다. 초등학교 저학년 때 우리 반 머슴애가 그걸 하나 따가지고 여자애들 뒤통수를 때리고 다녔다. 나는 머리통을 얻어맞는 대가로 그 방울을 하나 얻을 수 있다면 얼마든지 얻어맞을 용의가 있었다. 그런데 그 개구쟁이는 여자애들 머리를 몇번 때리고 다니더니 그 짓도 싱거워졌는지 방울을 모두 부서버리고 말았다. 아, 그 예쁜 방울이 푸석푸석 부서져나갈 때의 안타까움이라니. 매품에도 실패한 홍부처럼 처량해진 나는 그냥 바라보는 것만으로도 나무를 사랑하는 법을 배워야 했다.

귀밑으론 싸늘한 바람이 지나가지만 운동화 위로 따스한 햇살이 바알발 기어올라왔다. 손이 근질거렸다. 겨울이면 으레 '얼음 박히던' 손가락들이 간질대는 걸 보면 분명 봄이었다. 나뭇둥걸이며 마른 풀, 간지러운 손가락, 바삐 움직이는 거위의 노란 물갈퀴, 그런 것들 속에서 분명 봄이 바알바알 새어나오고 있었다. 세상엔 군사독재가 점차 뿌리를 내리고 아버지는 기약 없는 도피생활을 계속해야 했던 시절. 그 시절에도 봄이 찾아왔다. 군사독재가 무엇인지, 절망이 무엇인지 몰랐던 철부지. 봄은 그 철부지를 송사리처럼 즐겁고 거위처럼 씩씩하게 만들곤 했다.

아버지 떠나신 지 벌써 스무 해. 나는 포도원 시절의 아버지 나이가 되어 당신이 말년을 보냈던 퇴곡리에 내려와 있다. 포도원 시절 이래 그다지 올려다볼 새도 없었고 그다지 보이지도 않게 되었던 별들이 다시 퇴곡리 하늘에 총총 솟아나고 있다. 매서운 북풍 속에서 고뇌도 순한 짐승처럼 웅크려 잠들던 겨울밤, 혁명가와 그의 어린 새끼와 우물의 두레박을 함께 찾아와주던 그 별들이 그렇게 다시금 흰 머리칼 늘어가는 나를 찾아오는 것이다.

그 아비가 아무리 위대하다 해도 아비는 이윽고 자식에게 극복되어야 하는 게다. 극복되지 못할 만큼 지나치게 위대한 아비나 극복하지 못할 만큼 편협한 자식은 얼마나 많은 쓸모없는 수고를 요구하는가. 그러나 아비가 아무리 초라하다 해도 자식은 또한 아비를 함부로 넘볼 수 없는 게다. 함부로 넘보일 만큼 추락한 아비나 함부로 넘볼 만큼 오만한 자식은 또 얼마나 우리를 황폐하게 하는가.

아버지가 살아계시다면 지금도 저 하늘로 하여 절망한다 하실까. 나는 아버지가 내게 따다 준 등꽃을 아직도 생생히 기억한다. 수염을 기르고 흰 바지저고리를 입은 아버지가 산책에서 돌아오며 꽃봉오리들이 반쯤 벌어진 보랏빛 등꽃 한 줄기를 내게 내밀었다. "참, 예쁘구나." 평생을 걸고 추구하던 것들이 가장 야만적인 힘으로 질식당하고 있던 시절, 들과 야산을 걷고 또 걷던 아버지의 산책은 당신 가슴속에 끓어오르는 분노를 진정시키는 유일한 방법이었을 터였다. 그 산보길, 야산 어디쯤에서 문득 만났을 등꽃 앞에서 아버지는 얼마간 걸음을 멈추었을 것이었다. 아버지는 그 천진한 꽃을 보며 무얼 생각했을까. 그 한 줄기 등꽃은 아버지 가슴속에 어떤 위안을 주었을까.

나는 아버지의 그 모든 것, 당신의 명석한 두뇌와 칼날 같던 비판정신, 끼니 걱정을 하면서도 간직하고 있던 비밀서고, 자신의 신념에 바친 헌신, 자식들의 속물 근성에 대한 가차없는 질타, 그런 것들 다 잊는다 해도 당신이 어린 나에게 따다 준 그 보라색 등꽃 한 줄기는 영영 잊지 못할 것이다.

진주

여름이면 강릉 찻길 옆에서 가끔 부용을 만난다. 길가에는 대부분 비닐하우스에서 길러낸 초화를 그때그때 꽂아두는 게 보통인데 길가에서 자라고 피는 부용은 그 자태가 자연스러워 제법 길 가는 멋을 느끼게 한다. 부용의 꽃빛에는 흰빛, 분홍, 빨강이 있지만 여름날엔 아무래도 흰빛 부용의 눈맛이 제일 청량하다.

퇴곡리 엄마의 옛집에도 부용이 있었다. 노인이 된 엄마와 아버지가 씨앗을 얻어와 길러낸 부용은 아이들과 함께 부모를 찾아가던 휴가철이면 언제나 뜨락에서 우리를 맞이해주곤 했다. 여름풀이 우거지고 쓰르라미 요란한 한낮, 퇴곡리 뜨락의 부용은 더위에도 그 정갈한 세모시 자태를 조금도 흐트러뜨리지 않고 하얀 부채를 조용히 흔들고 있었다.

식민지 시절에 일본에서 공부하던 아버지에게 한 조선인 선배가 있었다. 졸업앨범에 한글 이름 석자를 선명히 적어넣었던 그이는 그 시대

지식인들 대부분이 그러했듯 사회주의자였다. 그이는 같은 좌익운동을 하던 일본 여성과 결혼했다. 일본이 패전하자 그 선배는 북쪽을 택해 조선으로 돌아갔다. 남편을 따라가지 않고 일본에 남았던 부인은 자신의 소신에 따라 일본 공산당원으로 평생을 헌신했다. 남편의 소식은 알지 못했다.

사십년이 흐른 후에 엄마는 어찌어찌 수소문해 그 부인을 만났다. 부인은 병석에 누워있었다. 재혼하지 않았으니 자식도 없었다. 여동생이 보살펴주는 병석에서 외롭게 투병하고 있던 부인은 공산당사 구내 뜨락에서 받아온 부용꽃씨를 엄마에게 건넸다.

엄마가 내게 남겨준 몇가지 물건 중에 줄이 끊어진 진주 펜던트가 하나 있다. 가느다란 금줄에 자그만 진주를 하나 매단 소박한 것이다. 이 목걸이의 원주인은 그 일본 여성이었다. 자신의 손때 고인 물건 남겨줄 자식 하나 없던 부인이 엄마에게 그 목걸이를 준 모양이었다. 갖은 풍상을 겪던 진주는 다시 광막한 바다로 돌아가려는 듯 금줄을 끊고 한 알의 구슬이 되어 내게 남겨졌다. 나는 그 부인이 선택했던 왼편의 길에 관한 세상의 왈가왈부보다는 그 시절 그 상황에서 부인이 자신의 삶에 바쳤던 순정을 오래 기억하고 싶었다.

부용을 가꾸던 두 노인이 내 곁을 떠나간 지 스무 해이니 그 일본 부인도 이미 오래 전에 자신이 태어났던 땅을 떠났을 게다. 부모의 부용은 돌보는 이 없는 뜨락에서 스르르 자취를 감추었고 몇년 전 강릉을 덮친 태풍으로 가신 이들의 옛 뜨락마저 사라졌다. 예부터 십년이며 강산도 변한다 했으니 부모의 뜰이 사라진 것은 자연스러운 일이고 순리에 따른 일일 것이다. 하지만 결코 함부로 살지 아니하고 한 알의 진주로 화해가려는 삶의 태도가 점점 사라져가는 세태는 아무래도 순리가 아닌 것 같다.

3 저 들녘 벼이삭

菊日閑人

남빛 국화가 하늘대는 뒤뜰, 새카만 털괭이가 겨자빛 눈알을 호동그레 뜨고 방아깨비를 가만히 내려다보고 있다. 그 호기심 등등한 짐승은 눈동자를 명주실가닥보다 가느다랗게 하고 입을 꾹 다물고 있다. 기운이 쇠잔해진 풀벌레쯤이야 진작에 한발로 뭉개버렸을 법도 한데 어째서 꼬리만 가볍게 칠 뿐, 그저 바라보고만 있는 걸까.

간송미술관에서 이 아름다운 그림 〈국일한묘(菊日閑描)〉를 처음 만났을 때 나는 그림 앞에서 오랫동안 서 있었다. 주로 금강산이나 인왕산 등 웅장한 산수를 남긴 겸재가 이런 풀과 벌레 그리고 작은 짐승의 그림도 그렸던가. 봉건 조선의 '남아' 속에도 이런 섬세함과 여성스러움을 지니고 있었던가. 나는 겸재의 그 작은 그림을 고마워하면서 그림 제목에 쓰인 '한(閑)'이라는 글자를 중얼거려 보았다.

한(閑). 문(門) 밖에 호젓이 서 있는 나무(木) 한 그루. 그것도 일부가 아니라 온전하게 바라다보이는 나무. 문 사이로 나무 한 그루를 온전히 바라보자면 문이나 나무와 얼마간 떨어져 지그시 서 있어야 한다. 한(閑)이란 그렇게 고요한 성찰을 뜻했다. 그러기에 묘(描)도 가을빛 속에서 한묘(閑描)가 되면 짓궂은 장난을 잠시 삼갈 줄 알게 되는 것이다.

절제를 중요한 가치로 삼아 화초조차 뒤뜰에나 두고 은근히 즐기던 시절. 차가워진 소맷부리를 느끼며 후원에 내려서던 그이는 화계에 늘어진 가을꽃 아래 가만히 앉아있는 괭이와 그 곁의 풀벌레를 보았을 터이다. 털짐승과 풀벌레의 만남을 바라보던 그이는 사랑으로 돌아가 붓을 들었다.

그이는 남빛 국화와 괭이의 실눈을 그리고 유난히 긴 정강이가 추워보이는 방아깨비와 그 조신한 더듬이를 그렸다. 충만하고 아득한 가을빛은 비단 전부에 담았다. 추일정적이 조금 과하다 싶기에 연약한 파동을 일으키는 꿀벌로 그림을 마무리했다.

벌레나 짐승이나 사람이나 모두 한가지로 안고 흐르던 그 국일(菊日)은 얼마나 아름다웠으랴. 나는 작은 비단 조각에 가을빛을 한없이 담아낸 菊日閑人, 그이가 그리웠다. 언제나 마음 한쪽이 한적하여 자신과 세계를 저으기 바라볼 줄 알았던 사람들. 풀잎 하나에도 오롯한 즐거움을 느낄 수 있었기에 과욕이 필요없던 그 사람들.

좀이 슬어 귀퉁이가 바실바실 부서져가고 있는 얇은 비단 위에 아슬아슬 남아있는 그림을 보면서 나는 무언가 안타까웠다.

불행한 오리 새끼

연필을 깎는다. 고부라진 나무밥이 살랑살랑 떨어지며 코끝에 살그머니 향기가 퍼진다. 연필심을 혀끝에 살짝 대보면 짜르르, 잠시 전율이 오른다. 나는 영영 가버린 시절을 아련하게 되살려주는 연필이 고마워 가끔 연필을 깎아 책상 위에 가지런히 올려놓곤 한다.

이제 아이들은 연필을 깎지도 않고 쓰지도 않는다. 전기 연필깎이가 나온 후로 연필을 제 손으로 깎는 아이들이 없어진 데다 쓰기도구가 연필에서 샤프펜슬로 급속히 바뀌었다. 요사인 그것마저도 마우스에 밀리고 있다. 글씨를 쓰는 행위를 서도니 서예니 하면서 도(道)와 예(藝)로 여기던 시절은 진작에 끝났고 이젠 글씨란 쓰기도 아니고 찍기가 된 것이다.

얼마 전 다섯살 꼬마에게 컴퓨터로 한글을 가르치는 엄마를 보았다. 꼬마애는 한글의 자음과 모음을 조합해 자유자재로 글자와 단어와 문장을 만들었고 엄마는 대만족이었다.

요즘 꼬마들은 옛날 글방도령들에 비하면 엄청난 정보를 갖고 있다. 하지만 그 정보라는 게 무슨 의미일까. 글방도령들은 제일 먼저 하늘천 따지부터 배우면서 글자보다는 먼저 우주의 본래 모습을 터득해야 함을 은연중에 깨달을 수 있었다. 옛날 교육이 너무도 비실용적이었다는 비판을 백번 받아들인다 해도 사이버 속에서 단어부터 가르치는 우리의 교육법은 아무래도 지나치게 무지스럽다.

병원에서 태어나 아파트에서 살면서 오리 한 마리 구경한 적도 없는 꼬마가 오리라는 단어를 만들고 읽을 줄 아는 건 물론이려니와 '미운 오리 새끼' 정도의 동화쯤은 줄줄 꿰고 있다. 오리 새끼의 그 반질반질한 털이며 항상 웃는 듯한 표정을 짓고 있는 납작하고 노오란 주둥이, 그 주둥이 안쪽의 모래알 같은 톱니 이빨이며 앙증맞은 물갈퀴, 그 뒤뚱대는 조그만 엉덩이…, 이런 것들은 느껴볼 새도 없이 꼬마들에게 그저 글자로 다가온 '오리'는 도대체 무얼 뜻할까. 혹시 도널드 덕이나 푸줏간에서 파는 로스구이용 오리는 아닐까.

자신을 둘러싸고 있는 삼라만상들을 만지고 냄새 맡고 느껴보지 못하고 그저 단어만 찍어대야 한다면 세상은 아이에게 얼마나 무미건조하고 구태의연하고 상투적이 되어버릴 것인가. 이 아이는 혹시 세상에 대해 신통한 애정도 느끼지 못하고 그저 툴툴대는 불행한 오리 새끼로 평생을 무료하게 살아야 하는 건 아닐까.

독일에서 살았던 친구의 이야기가 생각난다. 피아노 공부를 위해 독일에 온 조카를 데리고 독일인 선생을 찾아갔더니 그는 제일 먼저 "한국 학생은 연습량이 많긴 한데 그게 강박증적인 연습"이라고 지적했단다. 피아노 앞에만 붙어있지 말고 여기저기 걷기도 하고 새소리 바람소리도 들으라, 그것이 독일인 선생의 충고였다.

아이들을 컴퓨터 앞에 앉히기 전에 우선 들판으로 데리고 가자. 바람이 불고 햇빛이 비치는 속에서 머리칼을 팔랑거리며 뛰어가는 아이의 입술에서 아마도 단어가 저절로 솟아나리라.

옛 무덤 지나는 길에

산천에 비가 내려 세상 곳곳에 낙엽이 수북이 내려앉고 나무들이 벗은 몸을 드러내면 빈 가지 끝에서 조용히 열매들의 계절이 시작된다.

사람이 키운 열매야 서둘러 들판에서 사라지지만 사람이 키우지도 먹지도 않는 작은 열매들은 산과 들에서 꽃보다 아름답게, 잎보다 굳세게 긴 겨울을 지키면서 여린 생명들을 보살핀다. 쥐똥나무의 까만 열매, 작살나무의 보랏빛 열매, 까치밥의 노란 열매, 찔레의 빨간 열매….이 선명한 빛깔의 겨울열매들은 잿빛 하늘과 어우러져 스산하면서도 찬란한 초겨울의 묘한 매력이 된다.

겨울열매들 중에서도 나는 청미래 덩굴의 붉은 열매가 좋다. '청미래'라는 이름이 주는 맑고 허허로운 느낌도 좋고 작은 덩굴손으로 우리 야산 어디에서나 살고 있는 모습이나 그 덩굴에 매달린 제법 단단한 열매, 그리고 간혹 돋아있는 가시, 그런 것들이 모두 마음에 든다.

무덤마다 지닌 사연이야 얼마나 구구하랴마는 무덤을 보면 우선은 평화로운 느낌이 든다. 무슨 석물로 잔뜩 치장한 무덤보다는 이름 석자도 내걸지 않고 잔디만 보수수 덮고서 중학생 까까머리 모양을 하고 있는 조촐한 무덤일수록 더 아늑해 보인다.

그렇긴 해도 나는 죽어서 그런 무덤 속에 눕고 싶은 생각은 그다지 없다. 대한민국이 시체들까지 뻗대고 누울 땅이 있을 만큼 넓지도 않거니와 시가 선산 발치에서 시엄씨 귀신이 되어 젯밥이나 꼬박꼬박 챙기거나 공원묘지의 관리대장에 몇번으로 등록되는 노릇은 아무리 생각해 보아도 가엾은 노릇이다.

생각해보면 사람의 생이란 얼마나 배타적인가. 시냇가 모래알만큼이나 많은 인종 중에 극히 몇몇을 피붙이 살붙이 정붙이라는 이름으로 갈라내고 그 중에서도 어떤 이에겐 구태여 애착하고 또 어떤 이에 대해선 구태여 언짢아하지 않는가. 살아서야 그런 관계의 그물에서 빠져나올 수도 없고 그 관계에도 충실해야 하겠지만 죽은 후에는 그 애꿎은 인간사를 훌쩍 뛰어넘어 삼라만상 사이를 그냥 후여후여 다니고 싶다.

산길을 가다가 오래된 무덤을 만났다. 무슨 명산도, 누구네 선산도 아니고 그저 흔한 뒷산 한 끝자락에서 그 무덤은 떼가 전부 벗겨진 채 할머니의 쭈그렁 젖처럼 봉분이 사라져가고 있었다. 쓰러진 비석 토막 하나 없는 그 무덤의 주인이 설령 평범무쌍한 일생을 살았다 해도 그 생애에는 '청천 하늘의 잔별보다 많은 수심'이 있었을 터이고 안타깝고 떨리던 일, 돌무더기에게라도 빌어서 구하고 싶었던 것들, 왜 없었으리. 또한 무덤 속에 누워서도 한동안은 누군가의 목소리며 발소리가 얼마나 그리웠으리. 그러나 무덤은 그런 것들 다 털어버리고 스스로를 허물어가고 있었다. 개똥밭에 굴러도 좋다는 이승을 홀로 떠나와 더이상 자손 젯밥에도 연연하지 않는 자유로운 혼백이 되기까지엔 얼마만큼의 세월이 흘러야 했을까.

옛 무덤 지나는 산길에 청미래가 익어 있었다. 웅크린 관목들 사이에서 잎사귀를 전부 떨구어버린 청미래가 찬바람 속에서 붉게 익어 있었다. 나는 문득 그 덩굴을 머리에 휘휘 감고 산길을 걷고 싶었다.

발자국

동요란 그것을 부르는 어린 시절보다 오히려 그 시절을 까마득히 떠난 후의 어느 팍팍한 날을 위한 노래다. 어느날 무슨 요술처럼 나의 텁텁한 혀 위에 햇미나리처럼 그 노래가 살아났을 때, 그리고 그 속에서 우리가 미처 알지 못했던 보물을 발견할 때 나는 진실로 시인과 음악가에게 감사한다. 그 예술가들은 아이들이 보물을 알아챌 수 있는 이들이 되기까지 몇십년을 아무 말 없이 기꺼이 기다릴 것을 생각하고 우리에게 노래를 지어준 것이었다.

하이얀 눈 위에 구두 발자국
바둑이와 같이 간 구두 발자국
누가 누가 새벽길 떠나갔나
외로운 산골 오솔길에 구두 발자국

누가 노래말을 썼는지 누가 곡을 지었는지는 모르지만 내가 초등학교 아이 적부터 좋아하던 동요다. 그 시절에야 무얼 알고나 좋아했을까만 지금 입 속으로 이 노랠 불러보면 살며시 가슴이 아파온다. 눈 내린 새벽에 떠나간 이는 누구였을까. 아마도 되돌아오지 못할 고향을 떠나간 것은 아니었을까….

눈은 비와는 달리 쌓여서 '흔적'을 만든다. 눈은 누군가가 떠나고 나서도 차마 다 가지 못하고 뒤에 남기는 가냘픈 눈짓을 간직할 줄 안다. 흔적은 '족적'과는 다른다. 시멘트 콘크리트 위에 쾅 눌러 찍은 것이 족적이라면, 조금씩 사라지다 영영 가버리는 눈 위에 소리없이 남겨진 발자국은 흔적이다. 흔적은 애달프면서도 평화롭다. 조금씩 사라져가기에 애달프고 족적처럼 악착스레 매달리지 아니하기에 평화롭다.

발자국은 사람의 것보다 언제나 맨발인 짐승의 발자국이 더 사랑스럽고 기특하다.

아파트 뒤뜰에 싸락눈이 엷게 깔리던 날, 여름 내내 메꽃이 휘감아 올라가던 철망담 밑에 끊어진 소면 가닥 같은 발자국들이 여기저기 흩어져 있었다. 풀씨 찾는 참새들이 눈 위에서 장난꾸러기처럼 뛰다 간 것이다.

엄마의 퇴곡집에서 아침 산보길에 눈 위의 작은 발자국들을 만났다. 산에서 내려와 눈밭으로 변해버린 옥수수밭을 총총 지나 대문께까지 줄지어 있는 어여쁜 발자국들! 하나는 개 발자국보다 작고 섬세한데 걸음걸이도 꽤 조신하다. 몸이 가벼운 짐승인 듯 눈을 거의 누르지 않고 발자국만 사뿐사뿐 남겼다. 또 하나는 제법 깊이 박혀있고 발굽 모양도 보인다. 족제비? 고라니? 나는 너무도 신기하고 어여쁜 그 발자국들을 망치지 않으려고 한쪽으로 비켜나 조심스레 눈밭을 걷는다.

뒤돌아보니 짐승들의 발자국 옆에 내 발자국도 생겨나 있다. 투박한 내 발자국. 신을 신고 사는 사람의 발자국은 왜 그리 퉁명스러운지…. 나는 구두 밑창 대신 발가락이 다섯 개 달린 사람의 원래 발바닥을 남겨두고 싶었다. 어머니의 태중처럼 고요한 이 눈세상에 그런 발자국을 남기면 발자국이 저 혼자 산으로 산으로 그렇게 사라져갈 것 같았다.

작은 젖먹이짐승을 그리워함

도시에서 도로를 장식하고 있는 나무 중에 쥐똥나무라는, 도시와 별로 어울리지 않는 이름을 가진 나무가 있다. 차도와 인도 사이의 네모반듯한 생울타리가 바로 그 나무인데, 항상 짧게 전정되어 있는 탓에 '쥐똥'과 정말로 꼭 닮은 그 열매는 좀처럼 눈에 보이지 않는다.

원래 모습대로 줄기를 마음껏 뻗어서 '쥐똥'을 소복소복 매달고 있는 그 나무를 우리 아파트 구석에서 발견하였을 때 나는 그 열매가 너무도 신통해서 혼자 낄낄낄 웃고 말았다.

봄이 농익은 5월, 가지에 밥알처럼 다닥다닥 매달리는 쥐똥나무의 하얀 꽃송이는 코가 매캐할 정도로 향기를 뿜는다. 그 향기에 이끌려 온갖 벌들이 잉잉댄다. 꽁무니가 임꺽정처럼 시커먼 놈이 있는가 하면 얼룩덜룩한 엉덩이를 발씸발씸 움직이는 놈도 있고 방정맞게 날개짓 하는 놈에 똥파리란 놈까지 벌 행세 하며 낯짝을 꽃 속에 처박고 있다.

이렇게 제법 바람기 풍기던 꽃은 초겨울쯤엔 새까만 쥐똥으로 변신하여 이번엔 새들을 부른다. 봄에는 사랑노래에 취해 있던 새들도 겨울이 되면 비비비, 추운 소리로 울면서 잎사귀 사라진 쥐똥나무 열매 밑으로 날아든다.

어떤 이들은 쥐똥나무라는 이름이 싫다고도 한다. 왜 예쁜 꽃과 열매를 지닌 나무에 그런 냄새나는 이름을 붙이냐는 것이다. 그래서인지 이북에선 이 나무를 '검정알나무'로 부른다고 한다. 그러나 나는 쥐똥나무라는 이름이 정겹기만 하다.

쥐는 곡식을 축내고 전염병을 퍼뜨리는 징그러운 짐승이다. 하지만 개만큼이나 오랫동안 사람과 인연을 맺어온 이 짐승이 있는 곳은 바로 사람이 사는 곳이기도 하다. 마치 무덤이 있는 곳이 인가와 가까운 곳이듯.

쥐는 나에게 행복한 시절을 생각나게 한다. 도시에 살면서도 꽃과 나무를 무척 좋아하던 나의 부모는 마당 한구석 감나무 옆에 헛간을 두고 갖가지 도구를 갖추고 있었다. 호미, 쇠스랑, 삽, 곡괭이…. 겨울 따뜻한 날 헛간에 들어가보면 가마니 위에서 그 겸손한 도구들이 한 해의 수고를 끝내고 조용히 쉬고 있었고 그곳엔 으레 쥐똥도 뿌려 있었다. 헛간 한쪽 틈새에서 빛살이 미끄러져 내려오고, 혼자 눈을 감고 그곳에 앉아 있으면 공기가 귓가에 몰려들어 가느다란 벌레 소리를 냈다. 코끝에 스치는 퀴퀴하고도 졸리운 듯한 쥐똥 냄새엔 이상한 아늑함이 감돌고….

한번은 그곳에서 새끼쥐를 발견했다. 한 올 털옷도 입지 못한 발가숭이로 눈을 꼭 감고 죽어있는 새끼쥐를 손바닥 위에 올려놓고 나는 한참을 들여다보았다. 뾰족한 주둥이에 솜털 같은 수염이 반짝이는데 말강말강한 분홍색 살이 너무도 불쌍했다.

요즘 작은아이가 햄스터를 기르고 있다. 어쩌다 아이방에 가보면 아이는 쓰레기통처럼 어질러놓은 방에서 쥐를 손바닥에 올려놓고 그 머리에 쪽쪽 입맞춤을 하고 있다. 청춘을 향해 커가는 소년에겐 설렘뿐 아니라 알 수 없는 외로움도 있을 터이다. 작은 짐승에겐 그런 외로움을 위로하는 신비한 따스함이 있다.

올해엔 아파트 쥐똥나무에 쥐똥이 그다지 많이 열리지 못했다. 세상의 쥐들도 헛간의 평화에서 내몰려 도시의 더러운 시궁쥐로 변해가기 때문일까. 자식들에게 젖도 물리지 않아 점점 젖먹이짐승 노릇도 못하고 시험관 속에서 번식하는 무슨 외계인처럼 변해가는 우리들. 이 겨울, 세상에서 제일 작은 그 젖먹이짐승들이 그리워진다.

산 것들, 죽은 것들

무언가 조그만 점이 책상 위에서 고물고물 움직인다. 가만히 들여다보니 거미다. 맨드라미 씨만큼이나 작은 몸에 투명한 다리가 길게 달려 있어 마치 허공을 걷는 점 같다. 내 눈엔 그놈의 입도 눈도 뵈잖는데 어딘가로 열심히 열심히 가고 있다.

겨울도 더 깊어지지 않는 동지섣달, 밤도 더 깊어지지 않는 한밤, 내 방에 나와 함께 살고 있는 이 작은 것들. 요사이는 산 것들 보면 사느라 애쓰는 모습이 눈에 들어오고 어쩨 애처로운 생각이 앞서 생김새가 고약한 벌레들에게도 그다지 적대감이 들지 않는다.

내가 청소를 열심히 하지 않는 덕분인지 내 방엔 깡충거미도 살고 있다. 녀석은 집도 짓지 않고 개구리처럼 사방 팔짝팔짝 뛰어다닌다. 연필 끝으로 살짝 건드렸더니 녀석은 여덟 개 다리를 한데 찰싹 모으고 죽은 시늉을 한다. 나는 속은 시늉을 한다.

이제 인간들에겐 시험관 속에서 난자와 정자를 합쳐 살아있는 걸 생산해내는 일쯤이야 누워 떡 먹기가 되어버렸다. 그러나 생명이란 이상도 해서 정자와 난자가 생명이 되는 순간 오장육부와 사지육신뿐 아니라 기쁨이나 슬픔, 두려움이며 그리움, 소망 따위의 '불순물'이 줄줄이 생겨난다.

더구나 사람의 '불순물'은 전염성도 강하다. 이것이 사람 사이에 전염되면 지옥도 생겨나고 천국도 생겨난다. 돌멩이라도 사람의 그것에 전염되면 부처도 되고 망부석도 되고 탑도 되어 오히려 사람보다 긴 생명을 얻는다.

내 책상 한 귀퉁이에서 자잘한 돌멩이며 솔방울, 도토리, 마른 열매들이 나를 가만히 쳐다보고 있다. 가끔 나가는 산이나 물가에서 나를 따라 내 방까지 온 것들이다. 우리들은 서로 전염된 모양이다. 보라색 줄무늬의 돌멩이는 어라연 계곡을 소곤대고 솔방울은 봄날의 잎갈나무 숲 냄새를 풍긴다. 마른 갈대 속엔 얼음 밑을 흐르던 물소리가 살아있다. 한겨울 한밤중이면 나의 작은 동무들은 이렇게 한결 더 다정해진다.

우리는 어째서 낙엽이나 마른 나무열매처럼 이미 죽어버린 것들과 애시당초 생명이 없는 것으로 여겨지는 돌멩이 따위에게도 다정함을 느끼는 걸까.

나도 한때는 나무 잎새였을까, 산비탈 작은 열매였을까, 아니면 시냇가 조약돌이었을까. 아, 최초에 나는 검은 공간을 하염없이 떠다니던 먼지였을 게다. 먼지로 억겁년 헤매이다 안개 방울 몇 모금 마시고 물이끼 되었다가 연두벌레 되었다가 물고기 되었다가 어찌어찌 어미 속살에 박혀 사람이 되었는지도 모르겠다. 아니면 작은 풀잎으로 살며 내 잎갈피에 불어오는 실바람을 좋아했는지도, 혹은 먼지로 떠돌며 우주의 용광로 옆을 지나다 햇빛에 이끌려 시냇가로 내려온 못난이 돌멩이였는지도 모르겠다.

산 것들 죽은 겨울, 산 것들 잠든 한밤에 깨어 있으면 귀가 맑아진다. 그런 밤엔 살아있는 것들의 아우성만 들을 수 있던 우리들 귀에도 지나온 길에 만났던 무수한 것들과 나의 옛 동무들의 말소리, 나 죽어 먼지 되어 다시 돌아갈 내 고향의 말소리가 들려온다.

'약수터' 가는 길

흙을 밟고 싶을 때 나서는 산보길이 있었다.

개발제한구역 안의 그 길은 조그만 저수지 옆에서 시작된다. 논과 밭 사이를 구불구불 지나 화물기차가 시골 노인네처럼 느릿느릿 지나가는 철길을 건너면 아카시나무와 오리나무가 제법 보기 좋은 야산이 다가선다. 산등성이를 올라가다 한번 뒤돌아보면 내가 지나온 길이 허리끈처럼 풀어져 발그레 내려다보인다.

사람들의 무수한 발이 타박타박 걸어서 생긴 길. 앞서간 사람들이 뒷사람들을 위해 차곡차곡 발자국을 쌓은 길. 돌아가야 할 곳은 돌고 피해 가야 할 곳은 피해 가면서 조금씩 조금씩 끈질기게 생겨난 길. 곧장 뻗은 '도로'만 보아온 내 눈에 그 길은 눈물이 핑글 돌 만큼 다소곳하고도 지극하다. 아마도 그런 길만 보며 사는 사람들은 터무니없는 허욕에 생을 허비하는 실수를 하거나 남들보다 먼저 어째야 한다는 강박관념에 시달리는 불행을 겪지는 않으리라 싶다.

그 길은 꽃길이었다. 그곳에는 꽃다지가 깨어나는 이른 봄부터 산국이 피는 늦가을까지 색색의 꽃이 줄을 지었고 여름엔 웅덩이에서 맹꽁이 소리도 들렸다. 약수터 근처에선 특히 물봉선과 고마리가 고왔다. 물가에 무리지어 피는 꽃분홍 물봉선과 산골 메밀꽃처럼 소박한 고마리는 서로서로 잘도 어울려 늦여름 약수터는 은근하고도 화사했다.

이제 그곳은 황량하게 변해버렸다. 우선 그 길 초입부터 골프연습장에서 들려오는 메마른 파열음의 위협에 시달려야 한다. 겨울이 되면 그 길은 더 끔찍하다. 퍼런 것들이 있을 땐 그나마 가려져 보이지 않던 온갖 쓰레기들이 사방에 시체처럼 나뒹군다. 콜라병, 가스 깡통, 소주병, 우산, 플라스틱 바구니, 구두 한 짝, 각종 일회용 그릇, 고추밭을 덮었던 시커먼 비닐에 소파나 냉장고 같은 대형 쓰레기까지 도무지 숨이 막힌다.

도대체 이 쓰레기들이 어디서 쏟아져나오는 것일까. 백화점과 슈퍼에 산처럼 쌓여있는 물건들은 잠깐 사이에 이런 쓰레기로 변한다. 쓰레기장은 백화점의 또다른 모습인 것이다.

그 길은 황량한 길이 아니라 끔찍한 길로 변해갔다.

어느날부턴가 길 옆 들깨밭에 "맹독성 농약 뿌렸음"이라는 팻말이 섰다. 약수터 지나다니는 사람들이 남의 밭에 들어가 애써 기른 깻잎을 마구잡이로 뜯어가자 이에 격분한 밭주인이 그런 살인경고를 내붙였다. 언제부터 사람들이 깻잎 몇장 공짜로 갖겠다고 남의 밭을 마구 밟아놓는 짓을 하게 되었고 사람 먹고 사는 푸성귀에 독약을 뿌렸노라 아무렇지도 않게 으르렁거리게 되었을까.

우리 아파트도 빠르게 변했다. 십여년 전 우리가 처음 이사왔을 즈음만 해도 아파트 마당엔 승용차가 몇 대 없었고 그 대신 한구석에 예쁜 천막집이 세워져 있어 아이들의 자전거와 플라스틱 말을 그곳에서 재울 수 있었다. 하지만 눈 깜박할 사이에 아파트 마당은 자동차로 점령당했다. 아이들은 자전거를 타지 못하게 되었다.

그래도 사람들은 그 길을 부지런히 오간다. 가방을 메고 소형 수레를 끌고 아니면 아예 오토바이까지 부릉댄다. 사람들은 모두 그 쓰레기밭과 살인경고판을 지나 아무렇지도 않게 약수터로 간다. 수돗물에서 소독약 냄새가 나서, 수돗물을 믿지 못하여, 아니면 운동 삼아 간다는 약수터. 그 약수라는 말이 '농약수'의 줄임말처럼 들린다.

나는 이런 우리 모습에 문득 지구 최후의 주민들이 물을 구하러 가는 광경을 떠올렸다.

벼룩이자리, 하얀 풀꽃

며느리밑씻개, 애기똥풀, 말오줌대…. 우리나라 꽃 중에는 꽃이름이라고 하기엔 그다지 향기롭지 못한 이름을 가진 꽃들이 많다. 그런 이름을 들으면 어여쁜 꽃에 왜 그런 이름을 붙였는지 우리 정서가 이상스럽게 여겨질 때도 있었다.

그런데 생각해보니 농경사회에선 똥이나 오줌이 더럽고 외면해야 하는 것이 아니었다. 오히려 그것은 우리 먹을거리를 풍성하게 해주는 고마운 것들이었다. 또 꽃은 예쁜 이름을 가져야 한다는 생각도 꽃이 우리 생활과 떨어진 특별한 곳에서 길러지면서 꽃에게 주위를 장식한다는, 어떤 '전문영역'을 강조하기 시작한 때부터 생긴 게 아닐까 싶기도 하다. 게다가 요즘 우리들이 생각하는 '예쁜 이름'이란 것도 참 엉뚱하지 않은가.

일류 패션 디자이너의 원래 이름이 김봉남이라 해서 배꼽을 쥐게 된 우리들의 정서로는 애기똥풀이 참 무식한 이름이 될 수밖에 없다. 이런 세태에선 논두렁 밭두렁을 노랗게 물들이는 그 어여쁜 꽃이 신부의 꽃다발이나 생일축하 꽃다발에 쓰이는 '출세'를 하자면 아마도 본명으론 절대 불가능하고 적어도 '앙드레 그래스'쯤은 되어야 할 것이다.

그러나 아마도 애기똥풀은 그렇게 '세련된 이름'이 붙여져 비닐하우스 속에서 농약 먹고 비료 먹고 크느니 뒷간 옆에서, 뒷동산에서, 바람과 햇빛을 마음껏 누리며 언제까지나 애기똥풀 그대로 살기를 백번이고 바라리라.

꽃의 아름다움에 대해 그다지 호들갑을 떨지 않으면서 그 정겨움을 순박하게 표현하는 것이 우리의 정서였던 모양이다. 우리 풀꽃 이름엔 동물이나 벌레가 자주 등장한다. 까치수염, 범꼬리, 황새냉이, 새콩…. 새콩이란 이름을 들으면 어떤 새가 그 새콩을 좋아할까, 그런 생각도 든다. 가느다란 덩굴을 올려 관목덤불을 사알살 감아가며 조그만 보라색 꽃을 피워내는 새콩. 아마도 풀잎 그늘에도 숨을 수 있을 만큼 작은 산새가 그 콩을 좋아할 것 같다.

봄이 오는 아파트 풀밭에서 제일 먼저 눈을 뜨고 제일 먼저 피는 자잘하고 하얀 꽃이 있다. 아스팔트에 포위되어 자동차 매연과 소음에 시달리는 가로수 발치에서도 이 풀은 몽글몽글 일가 번성하며 살고 있다. 이 끈질긴 생명력으로 그 풀은 한겨울에도 며칠만 날이 푹하다 싶으면 추운 베란다 동백 화분 속에서도 금방 꽃을 피운다.

이 풀꽃은 벼룩이자리라는 이름을 받았다. 해충인 벼룩이를 쉬게 하고 잠재워주는 풀꽃이라니, 어느 고귀한 보살에게 이보다 더 아름다운 이름을 붙일 수 있을까. 억척스럽고 보잘것없는 하얀 풀꽃에서 그런 아름다움을 떠올리던 이들은 얼마나 천연스러운 사람이었을꼬.

봄맞이 한다고 그 지긋지긋하게 막히는 길에 자동차를 끌고 나와 어디나 들쑤시고 다니는 우리들. 산사를 시장바닥처럼 만들고 제주도에 가서 유채밭인지 봄동밭인지도 모르고 돈 주고 사진 찍고 진달래라도 우둑우둑 꺾어 와야 봄맞이 했다고 여기게 된 우리들은 과연 그 사람들의 후손이라고 할 수나 있겠는지 모르겠다.

아파트의 새 풀잎

지금부터 삼십여년 전인 고등학교 생물시간에 나는 처음으로 '먹이사슬'이란 말을 들었다. 그것은 내가 학교교육을 통해 접하게 된 최초의 생태학적 개념이었다. 그러나 나는 먹이사슬의 뜻을 전혀 이해하지 못하였던 탓에 도무지 그 싱거워빠진 걸 왜 배우나 하는 기분이었다. 식물성 플랑크톤은 동물성 플랑크톤에게 먹히고 동물성 플랑크톤을 먹은 작은 물고기는 큰 물고기에게 먹히고 아니면 초식동물은 육식동물에게 먹히고 그 육식동물은 사람에게 먹히고 등등. 구태여 학교에서 배우지 않더라도 누구나 당연히 알고 있는 걸 대단한 지식이라고 학교에서 배우다니, 그것이 당시의 내 소감이었다.

선생님에게서도 더이상 설명을 듣지 못했던 것 같다. 교과서의 그림에서도 먹이사슬의 맨 꼭대기에 사람을 그려넣었을 뿐, 그것이 어떤 순환 고리를 이루고 있지 않았던 것으로 기억된다. 그 그림에서는 사람의 사체를 분해하여 그것을 식물에게 되돌려주는 박테리아가 없었다.

그때 내가 먹이사슬의 의미를 전혀 이해하지 못하였던 이유는 무엇보다도 먹이사슬의 맨 꼭대기에 있는 사람이 '만물의 영장'이라는 철썩 같은 믿음 때문이었다. 잡아먹히는 쪽보다 잡아먹는 쪽이 당연히 더 강하고 뛰어난 존재이니 식물보다도 동물이 우수하고 초식동물보다는 육식동물이, 또 육식동물보다는 인간이, 그래서 인간이 가장 뛰어난 존재라는 건 학교에서도 되풀이 가르치는 불변의 진리였다.

잡아먹는 쪽이 잡아먹히는 쪽보다 더 뛰어난 존재다, 이런 논리는 약소국들을 집어삼키는 식민지 종주국들의 논리였음에도 식민지를 경험했던 우리는 그것을 여전히 의심할 바 없는 진리로 아이들에게 그대로 가르쳤던 것이다.

그러다가 나는 서른도 훌쩍 넘어서야 비로소 고등학교 때 배운 그 먹이사슬의 엄청난 의미를 깨닫게 되었다. 이 세상 그 무수한 생명체를 먹여살리고 있는 것은 만물의 영장인 사람이 아니라 내가 제일 '밑바닥'이라고 여기고 있던 풀이었던 것이다.

이것은 정말로 세상을 뒤집는 사실이었다. 인간이 만물의 영장이라고? 천만에, 사람은 저 밑바닥에 있는 유일한 생산자 풀이 먹여살리고 있는 온갖 것들을 최종적으로 소비하는, 말하자면 자연계의 가장 오만한 '기생물'로까지 생각될 수 있는 존재였다!

그러나 사람이 언젠가는 죽는다는 사실 앞에서는 사람도 기생물만은 아니었다. 사람은 죽어 몸을 박테리아에게 맡긴다. 이윽고 사람은 흙으로 되돌아가 자신을 먹여 주었던 풀뿌리를 키우게 된다. 이제 사람은 만물의 영장도 아니고 기생물도 아니며 생명을 영원히 순환케 하는, 풀이나 벌레나 새앙쥐, 아니면 돌멩이까지 포함한 어머니 지구의 순량한 아이들 중의 하나일 뿐이었다.

봄이 오면 풀이 제일 먼저 눈을 뜬다. 아이들은 아직 잠들어 있는데 혼자 일찍 일어나 불 피우고 물 끓이고 집안에 가만히 국 냄새를 퍼뜨리는 어머니처럼….

나는 풀들을 만나고 싶어 아파트 한뼘 꽃밭가에 쭈그리고 앉는다. 담배꽁초와 비닐봉지가 흩어져 있고 겨우내 자동차 뒷바퀴와 배기가스에 시달리던 그곳을 살피면서 나도 모르게 주먹을 쥔다.

아, 나온다, 나온다. 지구의 어두운 자궁에서부터 몸을 한껏 오그리고 빠져나오는 파아란 정수리, 정수리들. 힘내거라, 힘내거라, 조금만 더, 조금만 더…. 시멘트 벽돌 옆, 잔돌과 죽은 잎들을 헤치고 드디어 빛살 속에서 으앙, 첫울음을 터뜨리는 힘찬 새싹, 새싹들.

아아, 올해도 봄은 우리를 버리지 않고 찾아와 주시었고나. 아파트에도 풀 냄새 봄 냄새가 번져난다.

돼지가 전해준 패랭이꽃

우리나라에 언제부터 '어머니날'이란 게 생겼는지, 또 그날엔 어머니께 카네이션을 달아드려야 한다는 그런 '풍습'은 언제부터였는지 모르겠으나 그 덕에 카네이션은 우리나라에서 가장 많이 팔리는 꽃이 되었을 것이다. 얼마 전부턴 어머니날이 어버이날로 바뀌었으니 이젠 곱절로 팔리지 않겠는가.

그런데 나는 카네이선이 그다지 좋은 줄 모르겠다. 조금 미련맞을 정도로 퉁퉁한 그 꽃보다야 우리 들판, 무성한 여름풀 속에서 싱그러운 향기를 퍼뜨리는 패랭이가 훨씬더 신선하고 아름답지 않은가. 카네이션은 바로 그 패랭이를 원종으로 하여 사람들이 새로 만들어낸 원예종이란다. 그러고 보니 카네이션은 쌍꺼풀 성형을 한 눈 같고, 패랭이는 우리 미인도에 나오는 미인의 눈매, 얇은 외꺼풀이 청결하고 그리 크지 않으면서 총기가 어려있는 그런 눈매를 닮았다.

나는 중학생 때부터 어머니날이면 요란스레 나타나는 카네이션이 그다지 마음에 들지 않았다. 그때야 물론 생화가 귀했던 시절이니 고작해야 종이로 만든 카네이션이었고 그후엔 플라스틱 카네이션이 등장했다.

그 시절 '어머니날'이면 어머니들이 레이스 무늬로 현란하게 짠 나일론 치마저고리를 입고 종이 카네이션을 한 개도 아니고 둘셋씩 빨갛게 달고는 양산 쓰고 나들이 나선 모양을 종종 볼 수 있었다. 은근히 시건방지던 십대의 나에게 그런 모습은 '촌스럽게' 느껴졌기 때문인지 엄마에게 그런 꽃을 달아준 기억이 별로 없다.

조금 더 나이가 들고서는 어머니날 하루 신문방송에서 떠들썩하며 "진자리 마른자리 갈아 뉘시는" 어머니 은혜를 부르짖는 게 별로 마음에 들지 않았다. 일년이면 364일 내내 모든 희생을 당연지사로 요구하다가 그날 하루 요란 떨다니. 어머니날이 뭐 어머니 구슬리는 날이란 말인가. 게다가 유신정권이 '충효'를 부르짖기 시작하자 그 효도라는 것이 의심스럽기 짝이 없었다.

그렇게 어머니날에 냉랭하던 나도 결혼을 하고 어머니 대열에 끼게 되었다. 아이엄마로 직장을 다니면서 매일매일의 생활에 지쳐 아이 예쁜 줄도 모르고 살았다. 아이가 말을 조금씩 배워 양말을 말양이라고 할 때쯤에야 겨우 아이 귀여운 줄 알았지만 곧 둘째가 태어났다. 지지고 볶는 생활은 계속되었다. 그래도 큰아이는 먹돼지처럼 쑥쑥 잘 커서 아침 출근시간에 연탄불 꺼져 난리법석 피우는 나에게 가게에 가서 번개탄 사다 줄 정도는 되었다.

어머니날이었는데 일요일이었는지 출근하지 않고 파출부 아줌마랑 둘이서 대대적인 이불 홑청 꿰매기 작업을 하고 있었다. 그런데 아줌마가 동전 몇 닢을 큰애에게 꺼내주며 가게에 가서 카네이션 사다가 엄마 달아드리라고 하는 게 아닌가. 우리집 골목 어귀 구멍가게에서 마분지에 주루룩 달아놓고 하나씩 떼어 팔고 있는 플라스틱 카네이션을 말하는 거였다.

카네이션, 더구나 플라스틱 카네이션을 가슴에 단다는 건 꿈에도 생각에 없던 일인데 이게 웬일인지 아줌마 말을 듣는 순간 가슴이 쿵, 한다. 저 녀석이 그 뻘겋고 퍼런 카네이션을 사와 손톱에 때가 낀 손으로 그걸 달아줄 때 눈물이 나오면 어쩌나 하는 생각이 퍼뜩 떠오르더니 벌써 눈물이 찔끔 솟는다. 아줌마에게 들키지 않으려고 뒤돌아서 홑청만 꿰매고 있었는데, "아이고, 이 녀석아" 아줌마가 웃음 섞인 한탄을 한다. 가게로 냅다 뛰어간 아이는 입에 풍선을 물고 돌아왔던 것이다. 내 곤경을 모면시켜 준 아이를 쳐다보며 웃으려니 나도 참 한심하기 짝이 없었다. 내 나이 서른 넘었어도 부모에게 뭐 하나 잘하는 일 없는 주제에 세살 아이의 카네이션 생각에 눈물씩이나 찔금거렸다니.

이제 그 아이가 대학생이 되었다. 대학생이 된 요즘에도 별로 맘에 들지 않는 아이지만 (요즘 대학생들 참 대단하지 않은가. 철저한 자기 본위에 편리주의, 조금이라도 골치 아픈 건 싫어하고 소비성향은 엄청나고…) 그 아이가 십대에 들어서고부터 나는 숱한 전쟁을 치렀다. 현관이 부서져라 닫고 나가선 밤늦도록 돌아오지 않는 아이를 기다리느라 입안 마르기도 하고, 밤새 게임에 몰두한 아이를 깨우느라 아침마다 소동을 벌여야 했고, 학교에도 몇번 불려갔고, 아이의 뛰어난 패션감각에 시달리고, 나와는 딴 세계 사람인 양 엉뚱한 소릴 하면 참 외롭기도 했다.

그러나 아무리 부모 마음에 들지 않는 자식이라도 새 세대는 역시 있어야 했다. 하기사 부모 말 고분고분 따르지 않는 게 오히려 효도가 아니겠는가.

자신이 올바른 길을 가고 있다고 나름대로 자부하고 있던 나에게 그런 내 믿음이 과연 절대적으로, 언제나 타당한가를 진지하게 고민하게 해준 첫번째 사람이 바로 그 아이였다. 아이는 벌써 늙은이 티를 내느라 경직되고 아집이 생기는 나에게 끊임없이 도전을 해오며 나를 흔들어댔다. 나와 그다지 닮지 않은 그 녀석이 만약 내 아이가 아니었다면 나는 아예 상종하지 않는다는 내 종래의 손쉬운 방법으로 대처하면서 나와 다른 사고방식에 대한 인내심, 너그러움, 받아들임, 유연함 혹은 남의 처지에 서 보기 등을 배울 기회를 얻지 못했을 것이다.

나는 그 아이 덕에 사내녀석이 귀걸이를 한다거나 머리에 물을 들인다거나 하는 게 범죄나 탈선도 아니고 무슨 '사회정의'에 어긋나는 것도 아님을 새삼스레 생각해보았다. 또 공부도 그다지 좋아하지 않는 그 아이가 소위 일류대학이라는 이름 앞에서도 조금도 기죽거나 자존심 상해 하지 않는 걸 보고 나의 속물주의를 반성하기도 했다.

자식만 부모 덕에 커가는 게 아니라 부모도 자식 덕에 커간다. 내가 이 나이에라도 조금이나마 인내심이나 이해심, 유연함을 얻었다면 그것이야말로 그 아이가 내게 전해준 카네이션, 아니 한 다발의 패랭이꽃이다.

장미보다 아름다운 꽃

엄마의 퇴곡집 뜨락에 장미가 만개했을 때였다. 화려한 꽃을 보며 동네 아줌마에게 예쁘지요 했더니 뜻밖에도 그 아줌마 대답이 뭐가 이쁘냐였다. 농사꾼인 아줌마의 말은 벼가 훨씬 이쁘다는 거였다.

맞는 말이었다. 세상에 우리를 먹여주는 것만큼 어여쁜 게 또 있으리. 농사의 ㄴ자도 모르는 내가 보아도 비닐을 막 벗겨낸 모판의 어린 벼는 코를 비벼보고 싶도록 예쁘다. 그 어린 벼들이 물이 그득한 논에 발을 꽂고 한 밤 자면 크고 한 밤 자면 또 커서 논배미 가득 푸르게 자라고 있는 모습은 사랑스럽기만 하다. 그 위로 제비라도 지저귀며 날아다니면 정말이지 이 하늘 밑에 평화가 따로 없다. 도시인들도 가을 벌판의 금빛 물결을 보면 가슴이 뻐근해지는데 그것을 제 자식으로 키워낸 농꾼에게야 그 무엇이 벼보다 아름답겠는가.

우리는 참 예쁜 것을 먹고 산다. 찬거리를 사러 시장에 가보면 죄 예쁘다. 색색가지 과일이야 말할 필요도 없지만 옥수수니 감자, 갖가지 푸성귀들도 모두 저마다 예쁘다. 연둣빛 조선호박은 얼마나 예쁜지. 나는 사람들이 왜 호박을 못생긴 여자에 비유하는지 모르겠다. 그렇지만 호박 예쁜 걸 아는 호박장수 할머니는 "기생같이 예쁜 호박"을 사라며 나를 붙잡는다.

주부는 매일 반복되는 똑같은 일을 지겹게 하고 있지만 사람을 먹이는 일을 하고 있는 덕분에 때로는 남모르는 아름다움을 느껴볼 수도 있다. 물에 상큼 씻어낸 쪽파, 알록달록한 여러가지 풋콩, 자주색 껍질을 벗기면 하얗고 매끄러운 몸이 드러나는 마늘, 노릇노릇한 배추 고갱이, 씨눈이 옴팍 박힌 탱탱한 감자, 진보랏빛 가지…. 나는 저녁밥을 짓다 말고 이 어여쁜 것들을 손에 가득 쥐어본다. 햇빛과 물과 흙의 정령들이 사람을 먹이기 위해 열심히 만들어낸 이 고마운 선물들. 이렇게 예쁜 것들을 먹고 살다니, 꿀을 먹고 사는 나비보다 사람이 더 환상적인 존재 같다.

아파트 베란다에서 고추와 상추 몇 포기를 기른 적이 있었다. 베란다 창가에서 내가 기른 고추는 시장에서 사온 놈들에게 비할 수 없게 예쁘다. 창문을 드르륵 열고 고추포기에 대롱대롱 매달린 귀여운 고추를 똑똑 따는 게 재미있어 나는 고추를 따다가 혼자 히히 웃기도 했다. 그러나 남편과 아이들은 그 오진 재미를 별로 알 수 없다는 듯 상추 몇 잎을 밥상에 올리며 내가 농사지은 거라고 선전을 해대도 모두들 시큰둥하다. 하기사, 파 한쪽 다듬어본 적이 없는 남편과 아이들에게는 내가 찬양하는 '푸성귀의 미'라는 게 무슨 귀신 씨나락 까먹는 소리쯤으로 들릴 것이다. 그 사람들 모두 부침개 속의 호박이 기생이거나 박색이거나 김치 속의 고추가 파랗거나 빨갛거나 어서 음식이나 만들어 내놓으면 그걸 꾸역꾸역 먹고 바쁜 세상으로 다들 후다닥 뛰어나가야 하는 신세들인 것이다.

우리나라에서는 음식 만들기나 애보기를 '부녀자나 하는 허드렛일'로 취급하면서 집안의 '가장'은 그런 구질구질한 일을 면제받는 특권을 누려왔다. 그러나 그것은 특권이라기보다는 오히려 권리의 박탈이 아니었겠는가. 자신의 아이가 커가는 과정에 동참하고 장미꽃보다 예쁜 벼로 한 그릇의 밥을 지어내는 것이 어찌 사람 사는 일에서 면제되면 좋을 가치없는 일이란 말인가. 남자들이 정말 비난해야 할 대상은 부엌일과 아이 키우기의 분담을 요구하고 "점점 기가 드세어져가는" 여자들이 아니라, 음식 만들고 아이 키우는 일을 우습게 생각하고 남자들에게 몸과 마음을 몽땅 바쳐 돈 버는 일에만 충성하도록 하는 비인간적이고 권위적인 사회일 것이다.

하늘 나팔꽃

넝쿨은 어쩐지 마음을 짠하게 한다. 물론 한삼 넝쿨이나 칡처럼 주위를 무자비하게 공격하는 넝쿨도 있다. 그런 넝쿨을 보면 마치 우리 사회를 옥죄고 있는 학력이니 지역이니 하는 숨막히는 그물이 생각난다.

서로 얽혀져 백년을 누리겠다는 '만수산 드렁칡'은 징그럽다. 그러나 논두렁 한귀퉁이나 울타리에서 서로서로 받치고 기대어 여린 살을 부비며 풀꽃을 피워내는 넝쿨들은 이 세상에서 이런저런 인연을 치러내며 살아가는 우리네 삶을 닮았다.

새빨란 유홍초, 연분홍 메꽃, 아침에만 살짝 피는 나팔꽃 등등은 그런 정겨운 넝쿨이다. 나팔꽃을 좋아하는 일본인들은 갖가지 개량종 나팔꽃을 만들어냈다. 나팔 모양이 휘어질 정도로 꽃이 크고 색도 흰색에서부터 남색에 이르기까지 가지각색인 데다 잎사귀엔 반점도 들어가 있다. 하지만 이런 나팔꽃은 온갖 기교를 다한 데코레이션 케이크와 비슷해 얼마큼 보고 있으면 뭔가 동치미 같은 걸 먹고 속을 가라앉히고 싶어진다.

내가 좋아하는 '동치미 나팔꽃'은 하늘색 나팔꽃이다. 베고니아니 튤립으로 치장되는 근사한 곳에서는 절대로 볼 수 없지만 가까운 풀밭에라도 가면 그 꽃은 사람의 칭찬이나 도움을 필요로 하지 않고 청빈하게 살고 있다. 농염한 화장 내음 대신 새벽의 신선함을 그 향기로 지닌 푸른 나팔꽃은 크기도 개량종의 절반 정도이다.

꽃의 수명은 안타깝도록 짧다. 신새벽에 피어서는 햇빛에 닿자마자 벌써 꽃잎의 끝부분이 상하기 시작한다. 색도 하늘빛에서 붉은 남색으로 변한다. 꽃잎이 예민한 감광지 같다.

하늘색 나팔꽃은 우리의 가을하늘처럼 속세의 티가 묻어있지 않다. 푸른 나팔꽃은 하느님 지으신 그 모습 그대로 피어있다. 오래도록 나이 먹으면서 이 땅의 바람과 흙과 벌레와 더불어 살아온 꽃. 태초의 갓난이 모습을 간직하고 있는 꽃. 푸른 나팔꽃은 그런 순결을 지니고 있기에 그렇게 수명이 짧은 게다.

꽃이나 나무가 엄청난 돈이 되는 '생물 자원'으로 인식되고 있는 요즘인지라, 혹 어떤 '육종가'는 푸른 나팔꽃을 좀더 크게 만들고 그 수명도 연장시켜 '코리안 블루 스카이'쯤으로 작명하여 전세계에 팔아야겠다는 야심찬 계획을 세우고 있을지도 모르겠다.

그렇지만 요즘 세상에서 "돈이 된다"는 말처럼 무서운 것이 있을까. 돈이 된 땅과 물과 풍광은 이미 본래의 땅이나 물 혹은 풍광이 아니다. 하늘에서 별이 사라진 시대, 우리의 들판에서 풀꽃마저 사라진다면 어찌할거나.

지난 시절 우리 뜨락엔 꽃이 그냥 피었다. 구태여 가꿀 필요도 없었다. 비료니 살충제니 그런 것도 없었다. 꽃 기르는 법이니 하는 책도 필요없었다. 사람들은 개똥이 엄마 얼굴을 알듯 모두 꽃을 알고 있었다. 밥그릇이나 물동이처럼 늘 우리 곁에 있었기에 특별 대접도 필요없었다. 그런 우리꽃이 점점 우리 곁을 떠나 이제는 작심하고 어디에 찾아가야 볼 수 있는 특별한 꽃, 아니면 팔자가 좋아 그럴 수 있을 만큼 한가한 사람이나 볼 수 있는 '사치스런' 꽃이 되었다.

지난 고양 꽃박람회에서 가장 사랑받은 꽃은 우리 들꽃이었다 한다. 그만큼 도시인들은 때묻지 않은 고향의 꽃을 그리워하는 것이다. 온갖 인공물에 둘러싸여 살아가는 도시인들이 들꽃에 관심을 갖기 시작하자 가로에 우리꽃을 심는다는 계획도 나오고 그걸 재배 판매하여 농가의 수입원으로 삼는다고도 한다. 완전 소모품에 지나지 않는 가로의 원예종 꽃 대신 우리꽃을 심는다면 그것도 좋고 이것저것 해보다가 빚만 생긴 농민들의 생계에 도움이 되는 것도 좋은 일이다. 그러나 우리꽃을 비닐하우스에서 기르고 팔기 전에 무언가 생각해보아야 할 일이 있을 것 같다.

종로 5가 길거리에도 벌써 우리 들꽃 판매대가 서너 곳 생겨났다. 못 보던 들꽃이 있기에 어찌 기르냐고 물었더니 꽃장수는 모른단다. 그러면서도 내게 자꾸 그걸 사란다. 기를 줄도 모르니 죽이면 어떻게 하냐고 했더니 그 꽃장수 히죽 웃으며 아, 죽어야 우리도 돈 벌지, 한다. 복부인들이 유명화가의 그림을 사놓고 그 화가가 죽기만을 기다린다더니 이 순박한 시골 아저씨도 어느새 그런 심리가 되고 말았다. 나는 그 꽃장수가 말하는 '농장'이 과연 어디인지 자못 의심스러웠다.

일본 백화점 꽃코너는 봄이면 완전히 들꽃 판매대로 변했다. 그곳에선 매발톱, 바위수국, 패랭이, 바위취 종류, 타래난 등등이 팔리고 있었다. 텔레비전에서도 어디에 무슨 들꽃이 피었다는 뉴스가 곧잘 나왔다. 그런데 그렇게 유명한 들꽃일수록 어째 들꽃 같지가 않았다. 화분 속에 심겨있거나 스키장 리프트로부터 보호하기 위해 그 위에 그물망이 쳐져있는 꽃을 들꽃이라 해도 괜찮을까. 마치 열대의 짐승들이 아프리카 초원에서 점점 쫓겨나 부자나라 동물원에나 갇혀 살게 되었듯이 들꽃들도 이젠 들판에서 사라져 무슨 육종상이 판매하는 화분 속에서나 살게 될 것 같았다.

혼자 커서 혼자 피고 혼자 지는 씩씩한 들꽃들. 그 억척스런 생명력에도 꽃잎은 어찌 그리도 여리고 섬세한지. 계곡 물소리에 움트는 들꽃은 한여름 풀벌레 소리에 가을을 알아차린다. 들꽃은 꿋꿋함과 섬세함이 서로 다투지 아니하고 어우러지는, 생명 본래의 아름다움을 지니고 있다.

꽃과 나무는 우리에게 삼라만상의 근원을 감지하게 해준다. 꽃과 나무는 우리가 어떠한 최첨단기술로도 도달할 수 없는 우리 생명의 고향, 저 아득한 우주에 닿게 하는 비밀의 오솔길이다. 구도자들이 숲에 머물던 이유는 나무와 풀과 바람소리 속에서 '본래 우리의 마음'에 가장 가깝게 다가설 수 있었기 때문이 아니었을까. 꽃과 나무의 이러한 길안내 역할이야말로 '생물 자원'의 첫번째 의미이다.

눈보라

아파트 19층에 살고 있을 때 나는 우리집 개를 화초 삼아 물끄러미 바라보곤 했다. 아무리 도시 아스팔트 위에서 살고 있다 해도 땅에서 그토록 멀리 떨어져 제 집에 드나들 때도 네모난 기계 속에 들어가 올려지고 내려져야 한다는 사실에 그다지 익숙해지지 않는 나에게 우리집 개는 제일 가까이에서 나를 위로해주는 생명체였다. 아파트에 개하고 둘이 넝그러니 있던 날, 갑자기 눈보라가 몰려왔다. 내려다보아도 올려다보아도 뒤엉켜 미친 듯이 소용돌이치는 눈보라뿐, 세상은 순식간에 인공물이라곤 전혀 없는 원시시대로 되돌아간 것 같았다.

나는 동굴 속에서 눈보라를 피하고 있는 원시인 아이가 되어 개와 바짝 붙어 앉아 동굴 밖만 응시했다. 개도 꼼짝하지 않았다. 눈보라가 올 때처럼 다시금 한순간에 그쳐버렸을 때 나는 개에게 고마워, 그런 말을 했다.

왜 그랬을까. 눈보라가 몰아칠 때 나는 왜 내 곁에 사람보다 개가 있던 편이 더 좋게 느껴졌을까. 눈보라 속에서 나는 왜 말을 모르는 짐승의 일족이 되고 싶었을까.

내가 사람의 말에 의문을 품기 시작한 건 정규교육을 마치고도 한참 지난 후였다. 어느날 나는 내 두 눈으로 의자를 쳐다보다가 깜짝 놀랐다. 사람의 눈에 한계가 있다는 건 천번 만번 각성하고 있었다지만 우리가 바로 우리 눈앞에 "훤히 보고 있다"고 믿어 의심치 않았던 것들도 우리는 절대로 "온전하게" 보고 있는 게 아니었다. 내가 보고 있는 의자란 고작 내 시점에서 보이는 의자였던 것이다. 아무리 내가 기를 쓰고 눈알을 사방좌우상하로 돌린다 해도 내 눈은 의자의 어느 부분만을 볼 수 있을 뿐이었다! 그렇다면 우리의 오감을 바탕으로 생겨난 언어란 또 어떠할 것인가.

"뭐라 말로 할 수 없다"는 푸념을 종종 하면서도 나는 언어의 진리파악 능력을 그다지 의심해본 적이 없었다. 그런데 꽃이라는 말은 꽃을 지칭하는 매체일 뿐, 꽃 그 자체는 결코 아니었다. 게다가 언어는 세상에 있지도 않은 '꽃'이란 단어를 갖고 있었다. 우리가 숨쉬고 있는 이 삼차원의 세계에 존재하는 건 꽃이 아니라 개나리 진달래 봉선화 등등 하나하나의 개체였다. 또한 이 세상의 봉선화는 또다시 봉선화라는 하나의 단어로는 도저히 포함해낼 수 없는 개개의 봉선화로 존재하는 것이다. 그러나 사람의 언어는 진달래를 진달래라는 단어로 만들고 꽃이란 단어로 만들고 드디어는 진달래 꽃잎의 그 촉촉한 감촉이며 선명한 빛깔이며 그 간지러운 꽃술의 느낌이라곤 한 방울도 묻어있지 않은 깡

마른 관념으로 만들어 인간 마음대로의 틀거리를 짜내곤 하는 것이다.

나는 애초에 말을 지니지 않은 다른 생명들을 바라보았다. 말이라는 안경을 통하지 않고 무엇이든 맨눈으로 직접 감지하는 다른 생명들. 물론 그 생명들도 무한한 이 세상에서 자기 삶에 소용되는 것만을 자신의 감각기관을 통해 감지한다는 한계가 있긴 해도 봉선화를 봉선화라는 언어나 꽃이라는 언어를 통해서만 이해하는 그런 습관에 젖어있지는 않다. 그래서 말놀음에 빠져 꽃을 몽둥이나 무기로 만들어버리는 어처구니없는 짓을 저지르지 않는다. 그것이 사람을 제외한 다른 생명들이 거짓될 수 없는 원천적인 이유인지도 몰랐다.

치과에서 앞니를 빼서 할망구가 되어버린 나에게 개는 평시나 다름없이 그냥 달려와 얼굴을 핥는다. 아마도 개는 내가 더 커다란 몸의 일부를 절단해서 스스로가 자신이 아니게 느껴질 때조차 그렇게 달려와 나에 대한 사랑을 표할 게 분명했다. 개는 나를 무엇으로 알고 있을까. 내 이름이나 앞니 온전한 내 얼굴 따위로 나를 대하고 있지 않을 그 개는 아무래도 사람 사이에선 쉽게 생겨나지 않을 어떤 특별한 앎으로 나를 대하고 있는 듯했다.

사람은 언어 덕분에 자신의 세계를 엄청나게 넓혀왔지만 그만큼 언어의 덫에 걸릴 위험도 커졌다. 언어에 의지하지 않고는 살 수 없게 진화해온 우리 인간들이 그 덫에서 벗어날 수 있는 길은 없는 걸까.

인간의 언어가 생기기 전에, 훨씬 훨씬 전에, 무한히 오래 전에 삼라만상이 있었음을 잊지 말 일이다. 인간의 언어란 그것을 뭉뚱그려 지칭하는 거칠고 부득이한 방편임을 부디 잊지 말 일이다. 그리고 어느날 눈보라나 소나기가 우리를 찾아오는 그런 날이면 나무나 꽃 아니면 다른 짐승들과 함께 그저 그이들을 맞이할 일이다. 그냥 그렇게 맞이해볼 일이다.

당신 보시기 좋으신 계절

깊다는 말은 이상하다. 이 말은 밝음보다는 어두움에, 삶보다는 죽음에 어울리고 사람의 희노애락 중에서도 희(喜)와 락(樂)이 아니라 노(怒)나 애(哀)와 함께 쓰인다. 깊은 밤, 깊은 병, 깊은 시름 같은 말은 있어도 깊은 낮, 깊은 행복, 깊은 기쁨, 그런 말은 없다. 사람의 기쁨 중에서 사랑만이 깊은 사랑이 있으니 기실 사랑은 기쁨보다는 슬픔 쪽에 가까운 게다.

깊은 것, 어쩌면 그것은 사람들이 그다지 바라지 않는 것인지도 모른다. 우리들은 죽음보다 삶을 원하듯 깊기보다는 넘치길 바란다. 사람들은 넘치는 행복과 넘치는 희망을 바라지, 깊은 슬픔과 깊은 절망을 바라지는 않는다. 하지만 넘침이 꽃이라면 깊음은 뿌리이다.

뿌리가 있어야 꽃이 피어난다. 꽃과 뿌리는 가를 수 없는 한 짝이다. 우리들이 그토록 갈구하는 기쁨과 행복과 사랑은 슬픔과 고통, 그리고 쓸쓸함에서 피어난 꽃이다. 차가움이 없다면 어찌 따스함을 알 것이며 슬픔을 모른다면 어찌 기쁨을 느낄 것이며 우리의 삶이 고독하지 아니하다면 어찌 누군가를 사랑할 수 있으리. 뿌리 없이 꽃을 피우기를 바라는 일이 헛되다면 우리 삶에서 오로지 안락만을 추출해내려는 욕망 또한 헛되다.

봄이나 여름은 깊어지지 않지만 가을과 겨울은 깊어진다. 그리고 겨울은 가을보다 더 깊어진다. 사멸의 계절. 하늘과 땅 사이에 번창하던 것들 다 사라지고 갈색과 회색의 잔해들만 남아있다. 그러나 겨울을 한 꺼풀만 들추어보면 그 둥우리 속에선 목숨붙이들이 어느 때보다도 기특해진 모습으로 성스럽게 살고 있다.

겨울 들판에 나가보라. 그 들판을 걸어 겨울숲을 지나고 내를 건너보라. 메마른 바람이 쓸고 가는 들판은 황량하기만 하다. 그러나 양지쪽엔 최소한의 키만 남긴 겨울풀들이 서로서로 자리를 좁혀가며 옹기종기 모여있다. 달맞이꽃의 로제트는 겨울바람에 두 뺨이 붉어진 북방의 처녀들처럼 건강하고 꾸밈없이 아름답다. 겨울나무는 또 얼마나 굳건한가. 바람 앞에 가장 여린 가지 끝끝까지 그대로 내보이고 있는 그이는 사철 어느 때보다도 섬세하다. 그 나무가 새 둥지를 안고 있다. 새 둥지는 왜 우리 가슴을 조촐하게 하는 걸까. 왕후장상의 영화를 탐하는 인간들에게도 어딘가에 소박한 거처의 아름다움과 눈물겨움을 느낄 수 있는 가슴이 남아있는 게다. 어미가 지어올린 그 둥우리는 이 세상에 어린것으로 태어나 가족의 일원으로 살아가는 그 애끈함을 생각하게 한다. 우리는 그런 새 둥우리를 보금자리라는 평화로운 말로 부른다.

겨울나무 위의 그 보금자리는 마음이 가난한 이가 얻게 된다는 저 천국의 모습과 닮았을지도 모른다. 기교 만능의 손도, 욕망의 촉수인 손가락도 없는 날짐승의 가시버시가 부지런한 부리 하나로 나뭇가지와 검불로 꾸린 저 보금자리. 새들은 그곳에서 새끼들을 길러내고 들판의 백합화에게 솔로몬의 옷보다 찬란한 옷을 입히시는 신의 뜻에 따라 겨울을 살아간다. 겨울숲에 작은 새들이 살고 있다. 그 작은이들이 포로롱 깃치는 소리를 들어보라. 그 힘차고 즐겁고 부드러운 삶의 진동을 느껴보라. 사람은 적빈의 삶을 살게 되면 사납고 거칠어지거나 절망하게 되건만 흩어진 풀씨와 사라져가는 한 옹큼의 열매로 살아가는 이 작은 목숨붙이들은 도무지 사나움도 절망도 모른다. 진눈깨비가 흩뿌린다. 조그만 심장을 덥혀주고 있는 건 오로지 부드러운 깃털뿐이건만 신심 깊은 새들은 하늘에서 내려오시는 것들에 아무런 거부감이 없다. 새들은 관목 더미의 기다란 가지 끝에서 시소를 타는 어린애들처럼 팔짝대며 재잘댄다. 겨울나무 사이로 차가운 바람이 불어온다. 한 잎의 잎사귀도 지니지 못한 겨울나무. 그래도 그이는 여느 때나 다름없이 많은 목숨붙이들을 보살피고 있다. 나무 발치에선 노래기의 무리들이 낙엽을 덮고 겨울잠에 빠져 있고 쐐기나방의 새끼들은 나뭇가지 사이에 마련한 새똥무늬의 집에서 봄을 기다린다.

겨울숲 사이로 냇물이 흐른다. 얼음과 얼음 사이, 그 차가운 물에 몸을 담근 검은 돌들이 길손의 발을 아껴준다. 내를 조심스레 건너며 귀를 기울인다. 저 바닥에서부터 소리가 들려온다. 꼴꼴꼴꼴. 얼음 밑 여울이 얼음을 뚫고 들려주는 그 소리엔 응축되고 차분한 울림이 있다.

아무런 잡음이 섞이지 않은 깊은 울림. 투명한 겨울하늘 밑에서 그 음향을 한번이라도 우리 가슴에 담아볼 수 있다면 겨울이 진정 어떠한 계절인가가 스르르 느껴오리라.

그 차가움으로 하여, 그 죽음으로 하여 목숨붙이들에게 서로를 위로하며 행복해질 수 있는 능력이 있음을 새삼 깨닫게 하는 계절. 겨울은 우리의 영혼에 어느새 또 한 켜의 나이테가 둘러지는 그러한 계절이다.

하느님, 당신 보시기에 겨울은 얼마나 아름답겠습니까.

싸리비

내가 살던 5층짜리 아파트 뒷문 쪽에 대여섯 평쯤 되는 흙마당이 하나 있었다. 아파트 단지는 보통 아스팔트로 뒤집어씌우곤 하는데 무슨 까닭인지 그곳엔 귀한 흙마당이 있었다. 그런데 더 고마운 일은 뒷문 쪽에 부지런한 경비 아저씨가 한 분 계셔 아침마다 그 흙마당에 선명한 빗자루 자국을 남기곤 하는 것이었다. 어느 여름날 이른 아침에 일어나 보니 비질 파르레한 흙마당에 나뭇잎 두어 놈이 한가롭게 내려앉아 있었다.

우리 생활에서 비질이 없어진 건 언제부터였을까. 진공청소기란 것은 우리네의 주거형태가 주택에서 아파트로 바뀔 즈음에 등장했던 것 같다. 아파트에선 집 안은 진공청소기가 문지르고 집 밖은 관리실 책임이었다. 골목길은 자동차들이 점령해버려 비질을 할래야 할 수도 없었다.

갈대로 만든 방비, 수숫대 부엌비, 마당 쓸던 싸리비, 그런 예쁜 손도구들이 모두 없어졌다. 물론 아직도 거리 미화원 아저씨나 아파트 청소 아줌마들은 빗자루를 쓰긴 하지만 그것은 모두 형광색 나는 플라스틱 빗자루다. 내가 아파트 베란다를 쓸던 빗자루도 손잡이까지 몽땅 플라스틱이었다.

이 구석 저 구석에서 먼지를 천천히 쓸어내는 비질은 무언가 자기 성찰의 시간이 될 수도 있었다. 그러기에 절 마당 싸리비질이 행자승의 필수과목이 되었을 게다. 아무 말 없이 고개를 조금 숙이고 빗자루 끝을 지그시 응시하며 검불과 잔돌을 천천히 쓸어낸다. 귓가에 들려오는 비질 소리에 마음 모으며 우리 가슴속 온갖 티끌도 함께 쓸어내는 흙마당 싸리비질.

그런데 참 이상하다. 진공청소기를 왱왱 돌리고 있으면 왠지 마음이 조급해진다. 이런 허드렛일은 휘딱 끝내버리고 어서 무언가 중요한 일을 해야 한다는 생각이 들어 공연히 서둘게 되고, 그런 서두름에 은근히 짜증스러워진다. 빗자루나 청소기 모두 쓸어내는 일을 하는 도구인데 어째서 그런 차이가 생기는 걸까. 아마도 그것은 두 도구의 탄생 목적이 서로 다르기 때문이 아닐까 싶기도 하다. 빗자루는 그저 무엇인가를 쓸어낸다는 것만을 염두에 둔 손도구라면 청소기는 그런 일을 효율적으로 처리하기 위해 고안된 기계다. 어떤 일을 그냥 받아들이기보다 이미 그것을 효율적으로 처리하겠다는 생각이 들기 시작하면 그런 일은 효율이 좋으면 좋을수록 바람직한 '귀찮은 일'이 되고 마는 모양이다.

예전 사람들이 요즘 사람들에 비해 좀더 참을성 있고 차분하고 조심성 있었다면 그것은 생활 속에서 많은 잡다한 일들을 기계가 아닌 제 손을 쓰며 해내는 과정에서 자연스레 자기 수련이 된 덕분일 것이다. 그렇게 살며 늙으면 대부분 인생의 그 무엇인가를 터득하는 경지에 도달해 있어 자연히 자식과 젊은이들에게 인생의 선배 노릇을 할 수 있었다.

요즘 휴가철이면 템플스테이나 무슨 수련회 등등 자신을 돌아보는 프로그램에 참여하는 사람들이 늘어난다. 그것은 편하고 빠르게, (살려하다 보니 자연히) 정신없고 바쁘게 사는 일상에서 무언가 부족함을 느끼기 때문일 테다. 하지만 시간을 쪼개어 그동안만 특별히 더 느릿느릿, 일부러 불편하게, 오랜만에 정신 차리고 사는 연습을 해보지만 시간이 다 되고 나면 다시 정신없이 살게 되는 까닭은 우리네 생활이 이미 효율 위주로 짜여져 버린 탓이 클 것이다.

저 들녘 벼이삭

매일 아무렇지도 않게 전철을 타고 다니다가도 전철벽을 도배하고 있는 상업광고가 어느날 몹시 거슬린다. 그러나 눈을 다른 곳으로 돌리기가 쉽지 않다. 옆 사람이 펼쳐 든 스포츠신문에도 광고요 창 밖을 내다보면 역 이름보다 더 크게 광고판이 서 있다. 눈길을 전철 천장으로 피해보면 바로 머리 위에 광고가 대룽대룽 매달려있다. 아파트로 돌아오면 문짝에도 광고스티커요 문 앞의 신문을 주워올리면 또 광고지가 우수수 쏟아진다. 이 수많은 광고가 성공을 거두면 거둘수록 그만큼 쓰레기가 많아지리라고 생각하면 참으로 아찔하다. 쓰레기. 그것은 자연계에서 오직 인간만이, 그것도 지극히 최근의 인간만이 만들어내는 백퍼센트 인공물이다. 아마도 다른 존재들이 인간을 정의한다면 호모사피엔스니 뭐니 하는 잘난 이름이 아니라 '쓰레기 만드는 자'라는 타이틀이 될 게 분명하다.

불과 얼마 전, 우리나라가 '조국 근대화'되고 개발되기 전만 해도 쓰레기라는 게 그다지 없었다. 지푸라기 하나도 모두 쓸모가 있었다. 초가지붕부터 짚신에 이르기까지 (그야말로 머리꼭대기부터 발바닥까지) 모두가 알곡을 털어내고 남은 것으로 만들었으니 어찌 쓰레기가 있겠는가. 곡식 기르는 일엔 낟알 털어먹는 행위만 있는 게 아니라 망태기나 신발을 만드는 일까지 포함되어 있었다. 자연이 만들어낸 것 중엔 무엇 하나 버릴 게 없는, 정말 자연이 풍요하던 시절이었다. 그런 풍요함 속에서 생활인들은 저절로 예술가가 되었다.

식민지 시대 손두창이란 조선 농민이 있었다. 가난에 쫓겨 고향을 떠난 그이는 교토 농가에서 나무꾼으로 일하며 간간이 짚으로 방석이며 그릇 덮개 등 이런저런 살림살이를 만들었다. 그의 물건이 근처를 산보하던 도예가 가와이 간지로의 눈에 뜨였다. 무명 도공의 자유스런 마음을 가장 이상적인 경지로 여기고 있던 그에게 조선 농민의 짚풀 기물은 대단한 충격이었다.

손두창은 주위의 흔하고 무덤덤한 소재로 어여쁜 기물을 만들어냈다. 그이는 자투리천으로 짚풀 기물에 무늬를 넣기도 했다. 그의 재능은 가와이 간지로를 놀라게 할 만큼 뛰어났지만 그는 그저 한결같고 변덕스럽지 않게 일할 뿐이었다. 이미 도예가로서 명성을 떨치고 있던 가와이는 조선 농민이 간직하고 있는 '기물을 낳는 마음'에 무한한 감동을 느꼈다.

주위에 흔하게 널려있는 것들을 하찮게 여기지 않고 그것에서 아름다움과 풍부한 쓸모를 알아채 우리의 나날을 가꿀 줄 아는 능력. 그런

창의력은 지난날 대부분의 사람들이 자연스레 지니고 있던 성품이었고 그 성품에서 민속박물관을 가득 채우고 있는 가지가지 기물들이 생겨난 것이다. 하지만 우리는 이제 무언가를 스스로 만들 필요도, 능력도, 시간도 없게 되었다. 그저 무어든 사서 쓰고 그것이 싫거나 낡으면 버리면 그만이다. 너무 쉽게 사고 너무 쉽게 버리는 요즘의 세태는(사람들의 수입이 너무 많아지고 그 많은 돈을 벌어들이려다 보니) 창조의 기쁨을 맛볼 기회를 잃어버린 우리의 마음이 그 허전함을 무언가를 끝없이 사들여서 메우려고 하기 때문일 게다.

절

친정 어머니가 떠나던 해 가을 시어머니와 나들이에 나선 적이 있었다. 나이도 나이려니와 오랫동안 당뇨를 앓고 있던 시어머니는 나들이래야 아들이 운전하는 자동차 뒷좌석에 앉아있는 게 고작이었다. 그래도 오대산 단풍에 시어머니는 눈시울이 붉어지도록 좋아했다. 곱기두 해라. 곱기두 해라. 파란 하늘과 붉은 잎새에 행복해 하던 시어머니는 월정사 계단 아래에 잠시 멈추어 서더니 지전 몇장을 꺼내 네 귀퉁이를 깨끗하게 편다.

"에미야, 절하고 가자. 너두 너희 어머니 아버지 좋은 데 가시라고 절하려무나"

사실 시어머니는 천주교 신자였다. 열여덟에 시집와 팔남매를 낳은 시어머니는 성인을 많이 배출한 정씨네 며느리로 "마땅히 천주교 신자가 되어야 할 것 같아" 영세를 받았단다. 그런 어머니를 보고 종교가 무엇인지도 모르는 노인이라 성당에 가면 천주님께 빌고 절에 가면 부처님께 빌고 또 서낭당을 지나가면 돌멩이에게도 빈다고 비웃는 사람이 있을지도 모르겠다. 그러나 나에겐 어머니의 마음이, 어머니의 종교가 자연스럽게 느껴졌다. 자신이 섬기는 이에게 지극하고 지극해 다른 이가 섬기는 이에 대해선 터럭만큼의 공경이나 관심을 나타낼 수 없는 어떤 '독실한 신앙인'보다도 어머니가 훨씬더 종교적으로 느껴졌다.

어머니가 "절하고 가자"고 한 까닭은 우선 친정 어머니를 잃은 며느리에 대한 배려에서 그러했을 게였다. 그리고 하늘 푸르른 가을날 곱게 물들어가는 나뭇잎들을 보고 있노라니 이 세상에서 자신과 인연을 맺어 살다가 먼저 떠난 사람들이 문득 가슴에 떠올랐을지도 모른다.

겨울해가 서쪽 소나무 발목에 걸렸다. 까마귀가 운다. 내다보니 아랫집 형님이 배낭을 메고 산길을 내려오고 있다. 일년 가야 외출이라곤 열번도 안되는 형님이 어딜 다녀오시는고. 까마귀가 또 운다. 까마귀 울음을 들으며 빈 집으로 돌아가는 형님의 뒷모습이 구부정하다.

다음날 어딜 다녀오셨냐 물으니 절에 갔다 왔단다. 동지도 되고 해서 찹쌀 두 되, 팥 한 되에 초 두 자루와 향 한 갑을 챙겨 당신이 어린 아이들 데리고 찾아가곤 했다는 진고개 옛집 근처의 조그만 암자에 다녀왔노라 한다. 관광철이 아니니 진고개로 가는 버스는 세 시간에 한번 정도나 다닐 터였다. 그 버스를 타고 암자에 다녀왔다면 아마도 형님은 아침에 집을 나서 묵직한 배낭을 짊어지고 삼십분 남짓 산길을 걸었을 게였다. 동지가 지나면 오대산 자락엔 본격적인 겨울이 시작되고 형님은 그 추운 날들을 산골 집에서 오도마니 혼자 견디어야 한다. 눈으로 길이 막히기 전에 형님은 지난 봄에 떠난 아저씨를 위해 무언가 조그만 의식을 치르고 싶었는지도 모르겠다.

나에게 종교란 오랫동안 '아편'이나 '미신' 비슷한 것으로 여겨졌다. 주로 서양 쪽에서 받드는 종교는 아편에 가깝고 주로 동양 쪽에서 받드는 종교는 미신에 가깝다고 생각했다. 가톨릭계 중고등학교를 다닌 덕에 일년이면 몇번 정도는 미사에 참석했으니 소녀적인 감상으로라도 그 장엄 화려한 종교의식에 끌렸을 법도 한데 어쩐 일인지 한번도 가톨릭에 관심을 가져본 일이 없었다. 불교하곤 더 인연이 없었다. 절이란 소풍이나 가는 곳으로, 하다못해 성당처럼 어떤 종교의식을 행하는 장소로도 생각되지 않았다.

내가 '불공'을 위해 절의 법당에 들어간 것은 시할머니가 돌아가셨을 때가 처음이었다. 서른 후반이었던 나는 시할머니에 대한 예의로 불전도 올리고 절도 하였지만 그저 그뿐이었다. 얼마 후 아버지가 떠났다. 당신은 어떤 종교와도 상관이 없던 유물론자였지만 어찌하다 보니 자식들의 사정에 따라 절에서 사십구제를 지내게 되었고 나는 일주일에 한번씩 절에 가야 했다. 그런데 이번에는 충심으로 절을 했다. 당신의 성에 차지 못했던 딸은 몇번이고 절을 해도 모자라게 느껴졌다. 아버지는 떠난 것이었다. 영영 떠나버려 내가 그 무엇을 후회한들, 이제는 더 이상 내 아버지에게 무엇 하나 전할 수 없게 돼버린 것이었다.

나는 어느새 산길을 가다가 돌무더기라도 만나면 그냥 지나치지 못하고 돌 하나 올리고 두 손을 모으는 그런 아줌마가 되었다. 어쩐 일로 이 세계에 생겨났는지, 이런저런 끈으로 엮어 이곳에 나를 불러낸 이 세계는 또 무엇인지, 나는 아무것도 몰랐다. 우리는 그저 이 우주의 변방, 작은 별 위에 영문도 모른 채 생겨나 어느날 또다시 이유도 없이 아무리 해도 알 수 없는 그 어떤 곳으로 사라져가야 하는 가엾은 떠돌이들이었다. 그런 떠돌이가 할 수 있는 일이라곤 그저 두 손 모으고 머리 숙이는 일밖엔 없는 듯했다. 그것은 미신도 아니고 아편도 아니었다. 그것은 그냥 우리 가슴 저 밑바닥에 흐르는 어떤 흐름, 우리의 근원을 향해 끝없이 흐르는 그 흐름에 귀를 기울이는 것이었다. 나는 알고 싶었다. 그리고 돌아가고 싶었다. 도대체 언제인지 무작정 떨어져나와 자꾸자꾸 멀어져가고 있는 듯한 내 최초의 고향으로. 아마도 내 육신의 아버지도 그곳을 향해 가고 있을 그곳에 닿고 싶었다.

얼마 전 우리 골짜기 서낭당을 마을사람들이 고쳐 지었다. 이 골짜기가 융성하던 때(이곳 골짜기는 강원도 산골에서 귀하고 귀한 논이 있던 곳으로 쌀의 소출도 좋아 외부에서 쌀을 들여올 필요가 없었다 한다)부터 마을을 지켜주던 그 서낭당은 판자가 푸실푸실할 정도로 낡아 있었다. 주민들이 돈을 조금씩 추렴하고 직접 나무를 베고 손질하여 '성황님'께 새 집을 지어드렸다. 예전 농가의 뒷간만한 그곳은 인간보다 무언가 조금이라도 뛰어난 존재가 거처하는 곳이라고 하기엔 지나치도록 조촐했다. (어디 '성황님'만 그렇게 겸손하게 살겠는가. 예수님은 마구간에서 태어나셨고 부처님은 왕자의 자리를 버리고 평생을 걸식하셨다. 그분들도 우리네 토속신의 그 소박한 거처를 보시고 슬몃 웃음지으시며 하룻밤 그곳에 머물다 가실 게다.) 하지만 산골 사람들은 서낭당을 오고갈 때마다 이런저런 사연들을 고했을 테고 아마도 그이네들도 자신들의 정붙이 피붙이들이 곁을 떠났을 때 가장 순수한 모습으로 머리를 조아렸을 게다.

종교란 무엇일까.

이미 떠나간 이들을 생각할 때, 그리고 자신도 언젠가는 반드시 그들과 마찬가지로 떠날 것임을 알고, 자신뿐 아니라 이 세상 산 것들은 모두가 그러함을 새삼 기억할 때 우리는 가장 순수하고 자비롭게 된다. 그렇게 산 것들이 가엾어지고 자신의 보잘것없음을 느낄 때 나무에도 절하고 돌에게도 절하고 하늘에도 절하는 것, 그것이 동양인들 가슴 밑바닥에 흐르는 종교의 원천일 게다. 어떤 교주를 찬양하고 숭배하며 같은 숭배자를 최대한 많이, 그리고 최후의 한명까지 그러한 숭배자로 만드는 것을 '그분의 뜻'으로 받들어 그 목표를 향해 골몰하는 게 종교라면 시어머니의 종교도, 형님의 종교도 결코 종교가 될 수 없을 게다. 하지만 잎새 붉은 가을날 병든 몸 굽혀 절하던 시어머니와 곡식 꾸러미를 짊어지고 까마귀 우는 산길을 걸어가던 형님은 내 가슴에 오래도록 남아있을 아름다운 신도들이다.

포르노 국화

대학생 아이에게 딸기가 원래 초여름 밭에서 나는 것이라 했더니 그래애? 하며 놀라워한다. 이젠 겨울과일을 여름에 팔고 여름과일을 겨울에 파는 것이 과일 판매의 무슨 '정석'처럼 되었다. 겨울엔 겨울과일 먹고 여름엔 여름과일 먹으면 맛도 있고 영양도 있고 값도 싸련만 왜 구태여 비닐하우스를 만들고 땅을 더럽히고 에너지를 소모하며 꼭 제철이 아닌 걸 먹어야 하는 걸까. 정말 알 수 없는 일이다. 어디 과일뿐인가. 여름엔 긴팔 입고 겨울엔 짧은팔 입는다. 여름엔 창문을 닫고 겨울엔 연다. 우리 생활 전반이 그렇게 철없고 '전도'된 지는 이미 오래다.

봄이었다. 꽃집 앞에 국화 화분이 나와 있다. 주인에게 이게 진짜 국화냐 물으니 요새는 못하는 재주가 없단다. 그러나 꽃잎이 국화라 해서 국화가 되는 건 아니잖은가. 여름내 푸르던 것들이 하나 둘 이울고 자리에 누워 풀벌레 소리 듣다 잠이 드는 가을날, 아침에 창을 열면 뺨 위로 선듯 스치는 바람 한줄기에 이끌려 차가워진 슬리퍼를 끌고 뜰에 나서면 혼자 노랗게 피어있는 꽃, 그것이 국화다. 한 송이 국화가 피기 위해선 소쩍새도 울어야 하겠지만 국화는 저 혼자 국화가 아니다. 죽어가는 풀잎 발목에 감기는 바람과 들숨 한번에 온몸으로 스며드는 국향, 그리고 그 푸르른 하늘… 이런 것들이 모두 어울려 비로소 한 송이 국화를 만드는 것이다. 국화에게서 이 모든 것을 빼앗아버리고 제 시절도 아닌 때에 억지로 꽃만 피게 하는 것은 여자의 몸을 토막토막 떼어내 포르노로 만드는 행위와 똑같은 발상이다.

태극기

내가 우리의 옛것에 관심을 갖기 시작한 것은 아이엄마가 되고도 서른이 넘어 마흔 가까워서부터였다.

요즘 처녀들은 야물딱져서 결혼에 대해 냉정하게 판단하고 현실적인 손익을 따져보기도 하건만 나는 왜 그리 철이 더디었는지 결혼이 무언지, 아이엄마가 된다는 게 무언지 생각도 않고 그저 '콩깍지가 씌어서' 결혼했다. 그러곤 어찌나 바쁘게 살았는지 신혼이니 뭐니 그런 건 있지도 않았다. 오로지 단칸방에서 두칸방으로, 두칸방에서 전셋집으로, 그리고 최후의 그 '내 집 마련'이라는 소망을 위해 직장에서 눈치보며 둘째를 낳고 돌도 안된 그 아이를 병원에 입원시키며 정말 '미친년 널뛰듯' 살았다.

그래서 도달한 곳이 집값 싸다는 부천시, 그곳에서도 서울과 가장 가까운 역곡이었다. 역곡에서도 바쁘고 숨가쁘긴 한가지였다. 아침저녁

경인선 전철은 무시무시했다. 그 중에서도 개봉역은 대단했다. 개봉동 사람들 기운이 좋기도 해 전철문이 열렸다 하면 돌격대처럼 쳐들어오는데 나는 그 기세에 전철 속에서 한쪽 발을 내려놓을 틈마저 잃어버리곤 했다. 그래도 저녁이면 개봉역이 제일 좋았다. 그 역에선 사람들이 배 터진 고등어에서 내장 빠지듯 우르르 쏟아져나가기 때문이다.

그러나 신도림역에 비하면 개봉역은 아무것도 아니었다. 신도림역에서 사람들은 전철에서 내리는 일에 목숨 건 사람들처럼 악을 쓰고 내렸다. 신도림역은 처음엔 예상하지 않았던 여러 노선의 환승역이 된 덕분으로 역구내 동선이 더이상 복잡할 수 없게 엉망이었다. 승객들은 방향 잃은 날파리떼처럼 이리저리 날다가 서로 마구 부딪쳐야 했다.

신도림역은 쓰레기통에 쏟아부은 거대한 자장면 같았다. 그 속에서 하느님의 어린양은 예수천당 불신지옥을 부르짖었고 학생과 노동자들은 전경과 대치하며 깃발을 흔들고 전단을 뿌렸다. 그래도 신도림역은 끄떡없었다. 그 아수라장 한복판 복권판매소 주위에선 사람들이 계단 난간이며 벽에다 대고 즉석복권을 동전으로 긁어댔다. 예수가 뭐고 노동해방이 뭐란 말인가, 그네들은 30초 후의 요행에 온 정신을 쏟고 있었다.

신도림역에서 떠밀려 기차를 갈아타고 한 정거장 참으면 개봉에서 사람들이 우루루 사라졌다. 한숨 한번 푹 쉬고 두 정거장만 더 가면 역곡역이었다. 내 하루하루는 그렇게 지나갔다. 역곡역은 황량했다. 처음 이사왔을 때만 해도 구두에 진흙을 묻히고 출근해 사람들로부터 어디 사느냐는 질문을 받아야 했지만 눈 깜짝할 사이에 그 흙이 사라졌다.

이상야릇한 이름의 술집과 또한 이상야릇한 간판을 단 극장 하나가 있을 뿐, 아무것도, 아무것도 없이 그저 피곤한 사람들 잠자는 네모진 건물만 닥지닥지 연이어 있었다.

나는 역곡 주민도 부천 시민도 아니었다. 서울에서 나고 서울에서 자라 직장도 서울이니 나는 어디까지나 서울 사람이었다. 그러나 서울 사람도 아니었다. 책 한 권을 사려 해도 경기도 경계선을 넘어 영등포까지 가야 했고 회사 근처에서 장을 보곤 만원 전철에 시달리며 그걸 경기도까지 날라야 했다.

저녁 무렵, 한 손에 핸드백, 또 한 손에 장바구니를 들고 역곡역에 내리면 이유 없이 스산했다. 대망의 내 집도 마련하고 두 아이는 잘 크고 남편은 직장에서 열심히 일하고 있는데, 왜일까….

그러던 어느날, 우연히 남도가락 한 곡조를 듣게 되었다. 아, 그것이었다. 바로 그것이었다. 이 스산함, 이 쓸쓸함은 바로 고향 때문이었다. 나는 떠돌이였던 것이다. 서울 사람도, 부천 사람도 아니라는 그런 단순한 이유말고도 나는 정말 떠돌이였다.

아버지의 고향은 이북이었고 엄마의 고향은 일본이었다. 덕분에 부모로부터 물려받은 고향이 내겐 없었다. 새로운 사회와 미래를 생각하던 아버지는 본인 스스로가 고향이란 '인습과 굴레'를 벗어던진 듯, 애써 자식들에게 삼팔선 이북의 고향이나 옛이야기를 들려주려고도 아니했다. 엄마는 낯선 곳에 와서 굳세게 살고 있었지만 엄마의 고향이 워낙 이 땅과 미묘한 관계인 곳이라 자신의 고향에 대한 애틋한 추억을 우리에게 말하지 않았다. 엄마야 얼마나 고독했으랴만 그 시절 일본은 나에게 외가라기보다는 그저 외국일 뿐이라 엄마의 고향을 한번 가보고 싶다는 생각도 없었다. 결국 나는 부모의 살에서 생겨나온 젖을 빨지 못하고 어설픈 분유나 얻어먹으며 큰 셈인데 지금 생각해보면 그 분유라는 게 미국 구호물자였을 터였다.

나는 새삼스레 나를, 내 생활을 돌아보았다. 나라는 존재는 정말로 삭막했다. 술집과 삼류 극장과 싸구려 여관만 있는 역곡만큼이나 황량했다.

나는 우선 내 표준말이 얼마나 맥빠진 말인가를 알게 되었다. 서울에서, 현재, 교양있는 사람들이 쓴다는 표준말밖에 모르는 나는 조정래의 태백산맥에 나오는 그 무궁무진한 남도말에 열등감을 느꼈다. 흙 냄새가 없는 말, 역사가 없는 말, 가슴속을 구불구불 적시는 정감을 도저히 표현할 수 없는 기계 같은 말, 그것이 내가 쓰는 표준말이었다. 내가 쓰는 말로는 기껏해야 공문서나 두어줄 쓸 수 있을 뿐 시를 쓴다는 건 택도 없을 것 같았다.

나는 내가 먹는 음식도 생각해보았다. 아아, 완전 뒤죽박죽이었다. 그저 편의에 따라 되는대로 먹으며 살아왔다. 고추장이니 된장, 간장을 담그는 법을 엄마에게서 배운 적도 없거니와 결혼 후엔 시가에서 조금 얻거나 급하면 대충 사다 먹었다. 고추를 널어 말리고 메주를 쑤고 장독을 고르고… 그런 일은 내게 너무도 아득한, 무슨 남의 나라 이야기 같았다. 말하자면 내 식생활은 '부대찌개'라는 수치스런 이름의 음식만큼이나 불쌍했다. 나는 계속 나 자신을 둘러보았다. 하다못해 나는 다른 사람들의 고향을 '구경'한 일도 없었다. 오로지 딱 한번, 밥하는 언니를 따라 언니의 고향 삽다리에 가본 적이 있을 뿐이었다. 나는 빈한하기 짝이 없었다. 나의 유산은 이리도 초라한가. 나는 참으로 쓸쓸했고 서글펐다.

나는 박물관을 돌아다니기 시작했다. 이 땅에서 살던 옛사람들, 이 땅의 하늘과 강과 꽃을 보면서 이 땅의 푸성귀를 먹던 그 사람들의 손때와 흔적을 살피면서 이 땅의 삶에서 풍겨나오는 냄새를 맡아보고 싶었다. 그 냄새 속에서 나를 확인해보고 싶었다.

나는 초등학교에 갓 입학한 아이처럼 서툴게 우리 것을 돌아보면서 주위에 이것저것을 묻기 시작했다. 고향이란 배워지는 게 아니겠지만 워낙 기본 터전이 없는 나는 우선 우격다짐으로라도 그것을 배우고 싶었다.

하지만 나는 곧 어리둥절해졌다. 나는 어머니가 외국인이었고 아버지도 어쨌거나 실향민이었던 탓에 우리 것을 알 기회가 그다지 없었다는 변명이라도 할 수 있지만, 주위의 '순종'이나 '토종'인 우리나라 사람들도 우리 것에 대해 모르기는 한가지였다. 때로는 나보다 더 무지했다. 아니면 이 땅이 만들어낸 것들에 대해 전혀 아름다움을 느끼지 못하고 있었다.

나는 그동안 우리 사회가 얼마나 혼란스러웠으며 우리 모두가 얼마나 숨가쁘게 뛰기만 했는지를 다시 한번 절감해야 했다. 자신이 태어난 땅의 자연과 역사와 문화에 대해 무지몽매하달 만큼 아무것도 모르다니. 나는 자신이 혼혈인으로, 제가 태어난 흙에 끈을 갖고 있지 못하면서도 별다른 갈등이나 열등감 없이 아니면 차별 없이 살 수 있었던 것은 우리나라 사람들 대부분이 나처럼 떠돌이 신세가 되어버렸기 때문임을 깨달았다. 만약 내가 일본만큼만이라도 안정된 사회에 살았다면 나는 문화적 열등감을 느꼈을 터였다. 해외 입양아들은 대부분 문화와 전통이 확고한 그들의 사회에서 겪는 심리적 갈등을 치료하고 싶어 자신을 버렸던 한국에 다시 찾아오고 있지 않은가. 말하자면 우리 한국인은 자신이 입양아인 줄도 모르는 집단 해외 입양아로, 나는 애꾸눈이 동네에서 아무렇지도 않은 애꾸눈이, 그런 꼴이었다.

아무튼, 내가 먹고살기 바빠 정신없다가 집칸이나마 마련하고 나서 스산해졌듯이 우리나라 사람들도 미친 듯이 뛰어 아파트 하나씩 장만하고 나니 어째 자신을 돌아보게 된 모양으로 몇년 전부터 우리 문화유산 답사기가 베스트셀러 대열에 올랐다. 그러자 우리나라 사람들은 그 특유의 드센 기로 저마다 극성스럽게 문화유산을 사랑하느라고 산 속의 암자까지 껍데기가 벗겨질 판이었지만 어쨌거나 사람들은 잃었던 자존심을 회복하고 싶어했다.

그런데 무슨 변괴인지, 남편과 내가 아침저녁 정신없이 뛰며 마련한 아파트의 상환부금이 미처 끝나기도 전에 우리 앞에는 IMF라는 괴물이 나타났다. IMF라면야 중학교 때 국제통화기금이라고 쫄쫄 외운 것밖엔 없는데 그것이 그런 괴물인 줄 누가 알았겠는가.

대한민국은 그 앞에서 두 손 두 발 다 들고 하루아침에 깡통찬 거지 신세가 되었다. 정말이지 동구라파와 소련이 무너지던 속도보다 훨씬더 무서운 속도로 우리는 개발도상국가가 죄 부러워한다는 아시아의 용, 일등 모범국가에서 결단코 경계해야 할 타산지석의 사례가 되고 말았다. 반세기 만의 정권교체를 이룬 대통령은 우리나라에 '투자'하겠다는 미국 가수를 부둥켜안고, 달러 환율은 매일매일 톱뉴스가 되고 있다.

그리고 시도 때도 없이 나부끼는 태극기.

이 태극기는 '우리 문화…'류의 책과 '무궁화…'라는 책이 베스트셀러가 될 즈음부터 조금씩 보이던 조짐이긴 했다. 하지만 세살배기 꼬마적부터 영어가 필수가 되고 무어든 외국에 팔아야 되며 한푼이라도 달러를 끌어와야 애국자인 이 시대가 태극기를 휘날리고 있다는 사실엔 무슨 수상한 냄새마저 풍긴다.

이제 사람들은 박찬호와 박세리 덕에 한국인으로서의 자긍심을 갖는다고 한다. 프로스포츠가 보여주는 그 승부의 세계에 그다지 흥미를 느끼지 못하는 나로서는 '무엇에서'보다 '이겼다'는 사실(그리고 그 이겼다는 의미가 상금의 액수)에 매달려 환호하는 사람들에게 어떤 막막함이 느껴진다. 사천만 한국인들이 무디스라는 회사의 말 한마디에 웃고 울어야 하고 미국 프로스포츠계 소식에서 살맛을 건져내야 하는 이 시대를 위장하고 있는 거리의 태극기들. 광화문 네거리의 초대형 태극기가 징그럽다고 느껴지는 나는 이 시대의 비국민인가.

그리고는 이 태극기와 함께 지난 시절 우리 귀에 군가처럼 왕왕대던 수출만이 살길이다, 한강의 기적을 일으키자 등등의 소리가 다시 울려퍼지고 있다. 제2의 '한강의 기적'을 위해 '다시 뛰자'는 것이다. IMF시대 이전의 우리가 정말 기적의 주인공이었다면 우리는 그 기적을 위해 어찌했던 것일까. 어린 소년은 공장에서 수은을 마시며 일했고 사무실의 젊은 남자들은 퇴근 후에도 룸싸롱에 가서 거래처 접대에 바빴다.

젊은 여자들은 몸을 바쳐 그 거래를 성사시켰다. 가정부인들은 자식의 대학 입학과 남편의 출세를 위해 보약을 달였다. 늙은 농민들은 농약에 절어가며 농사란 걸 지었다. 모두가 사생결단이었다. 그래, 우리는 그 기적이란 걸 위해 바로 우리의 '고향'을 바쳤다. 고향의 흙과 물, 하늘과 사람을 바쳤다. 고향의 말과 풍습과 생활을 바쳤다. 그것을 치르고 얻어낸 기적이 모두 거품이었다는데, 우리는 지금 그 기적을 다시 일으켜보자고 한다.

우리가 정말 '애국자'라면 아아 우리 조국을 외치며 다시 뛰자고 기세를 울리기 전에 먼저 우리의 그 기적에 대해 생각해보아야 하지 않겠는가. 지금의 곤경이 대한민국의 곤경만이 아니라는 사실은 우리가 소망해 마지않았던 선진국이란 목표가 과연 신기루는 아니었던가를 반문하게 한다. 무엇이 선진국이고 무엇이 후진국인가. 우리가 동남아시아나 중국을 다니면서 사람들 코앞에 돈을 흔들어대던 때가 우리의 선진국 시대였던가.

지금 우리가 다시 뛰자고 하는 의미가 우리의 고향을 또다시 바치자는 것이라면 나는 결단코 태극기를 흔들지 않으리라. 나는 선진국보다 고향에서 살고 싶다. 더이상 실향민 신세는 너무나 처참하다. 고향을 사랑한다는 것, 그것은 우리가 잘났다, 우리 것이 최고다, 이리 잘난 것을 세계화시키자, 그런 어처구니없는 노릇이 결코 아니다. 지구상의 누구에게나 자신의 고향이 있다. 우리에게 그 물을 마시게 해주고 그 산물을 먹여주며 그곳의 동쪽에 뜨는 해로 비춰주고 서쪽에 지는 달로 눈물짓게 하는 곳, 그곳이 우리의 고향이다.

온대지방의 우리로선 견디지 못할 사막이나 북극도 그 누군가의 고향이다. 어떤 곳이건 그 하늘과 땅과 물은 사람에게 정붙이 살붙이 피붙이를 주고 그들만이 느낄 수 있는 기쁨과 아름다움을 보여준다. 그 아름다움과 기쁨이 문화의 원천이다.

아시아 한쪽은 큰물이고 한쪽은 가뭄이다. 그 속에서 IMF에 얻어터진 사람들이 빠져 죽고 타 죽고 있다. 이 큰물과 IMF는 서로 관계가 없는 것일까. 큰물만이 자연의 복수인가. 이 재앙을 뚫고 저쪽을 볼 수 있으려면 우리는 무엇을 해야 하는가.

구름이

지난 겨울 생각지도 않게 개 한 마리가 생겼다. 외로운 유학생활에 강아지를 샀던 조카가 '동물학대죄'가 있는 나라에서 짐승 건사하기가 힘들었던지 방학 때 한국에 나와선 내게 그걸 떼놓고 가버린 것이다.

내가 아무리 짐승을 좋아한다 해도 아파트에서 개는 역시 애물단지였다. 그놈의 생활 중 가장 중요한 싸고 노는 일이 아파트에선 죄짓는 일과 비슷했다. 그놈은 제 마음에 드는 곳에 오줌과 똥을 쌀 수도 없고 뱃속 편하게 짖어댈 수도 없어 딱했고, 나는 나대로 그놈과 승강이하느라 딱했다. 게다가 이놈의 개는 도무지 애완견다운 귀염성이라곤 눈곱만큼도 없었다. 다리는 짤막 몽뚝하고 허리만 기다란데 주둥이까지 개미핥기마냥 삐쭉하다. 그리고 힘이 어찌나 장산지 소파건 이불 위건 아무 데나 겅중거리고 뛰고 달리는데 도저히 말릴 재주가 없다. 성질마저 제멋대로라 기분 내키면 내가 무슨 일을 하고 있건 위로 껑충 올라오지만 제 기분이 그렇잖으면 아무리 불러도 흘긋 한번 쳐다보고는 들은체 만체다. 정말 개판에 개차반인 이 개에게 나는 "아이고, 이놈아, 어쩜 니네 땅에 사는 인간들하고 그리도 닮았냐"고 역정을 냈지만 별수 없었다. 원래 목숨 있는 것들이란 누군가를 애먹이며 수발을 받게 되어있지 않은가.

그런데 이 망나니에게도 괜찮은 구석이 하나 있었다. 조카에게 사료만 얻어먹고 컸던 덕분인지 개는 사람 손으로 만든 음식이라면 무어든 좋아라 잘도 먹었다. 된장국 속의 김빠진 멸치, 생선 껍질, 김치 줄거리, 삶은 고구마 껍질, 시루떡 팥고물 등등 사람이 발라내고 골라내는 것을 녀석은 천하 진미로 먹었다. 식탁 밑에서 참을성 있게 기다리다가 내가 그릇을 들고 일어서면 개는 이리저리 깡충깡충 뛰며 너무도 좋아했다. 동그란 밥그릇에 그 길다란 주둥이가 불편하겠건만 조금도 개의치 않고 콧잔등에 밥알까지 붙여가며 맛있게 맛있게 먹었다. 젓가락이니 숟가락이니 접시니 유리컵이니 그런 치레 하나 없이, 기도니 예절이니 그런 절차 필요 없이 그저 온몸으로 기쁘게 먹는 그 모양을 보면 분명 하느님도 기특해 할 것 같았다.

녀석은 밥그릇을 '개 핥아놓은 죽사발'로 만들어놓고는 김치찌개 냄새나 생선 비린내 풍기는 주둥이로 나를 핥기도 했는데 일용할 양식을 준 나에 대한 인사인 모양이었다. 그러다 보니 그럭저럭 정이 들었는데 이 녀석 알고 보니 제법 신통했다.

하루는 개가 소파 옆구리를 하도 긁길래 쿠션을 들추어보니 그 밑에 조그만 갈비 뼈다귀가 빠져 있었다. 언젯적 것인지 뼈다귀는 하얗게 반질거렸지만 개는 눈이 번쩍해서 그걸 냅다 물고 간다. 차돌멩이처럼 암팡진 뼈다귀를 뭉뚝한 앞발로 누르고는 끈기있게 갉죽갉죽 갈비 끝을 조금씩 갉아먹어가며 녀석은 하루종일 그렇게도 행복해 한다.

녀석의 행복해지는 능력은 참 비상했다. 뼈다귀가 없으면 개는 손톱만한 돌멩이로도 얼마든지 행복해졌다. 개는 베란다에 슬슬 나가 화분 귀퉁이에서 조그만 돌멩이를 하나 물고 온다. 그걸 일부러 문지방 같은 틈에 몰아넣고는 주둥이로 찌르기도 하고 앞발로 긁기도 하며 이마에 주름까지 잡아가며 놀이에 열중한다. 아니면 햇볕 드는 거실 바닥에 이리저리 뒹굴며 돌멩이를 입에 넣었다 뱉었다 하며 마냥 즐겁다. 그러다가 싱거워지면 이번에는 아득아득 돌멩이를 깨물어 먹어버린다. 정말이지, 업이 많으면 사람으로 태어나나 보다. 개는 돌멩이 하나로도 그리 행복해지는데, 사람은 구백구십구 가지 욕망을 채우고도 여전히 남아있는 욕망으로 불행하지 아니한가 말이다.

개는 천연스러웠다. 먹고 놀고 싸고, 늘어지게 자고 나면 주둥이가 찢어져라 하품을 하고 방귀도 뀐다. 재채기를 하면 때로는 코딱지도 튀어나오고 아침이면 눈곱도 끼어 있다. 발랑 누워서 버둥대며 놀고 있을 때 보니 허리 중간에 배꼽도 있다. 너도 배꼽이 있고 방귀도 뀌냐. 나는 녀석이 사람하고 똑같이 한때는 어미 뱃속에 웅크리고 있었고 사람과 똑같은 신진대사를 한다는 게 신기했는데, 생각해보니 사람이 그놈 닮은 것이지 그놈이 사람 닮은 게 아니었다. 오히려 개가, 몸뚱이에 털도 없이 옷 입고 살며 젓가락으로 밥먹는 인간에게도 탯줄의 흔적이 있고 눈곱과 방귀가 생긴다는 걸 신기하게 생각할 것 같다.

아무튼 개와 나는 점점 정이 들어 종종 아파트 마당을 같이 돌았는데 개는 아파트 맨 뒤쪽 풀밭에서 기세좋게 꽝꽝 짖으며 자신이 사냥개라는 사실을 확인하고 좋아했다. 애초에 개판인 개였으니 주민들 눈치를 봐야 하는 내 사정 따위야 아랑곳없었다.

그러다가 우리가 어쩔 수 없는 사정으로 올봄에 5층 아파트의 1층을 떠나 25층 아파트 19층으로 이사하게 되었다. 새로 입주하는 아파트의 용적률은 형편도 없어, 기둥같이 하늘로 치솟은 아파트 건물 사이엔 그저 자동차만 빼곡했다. 개가 뛸 수 있는 풀밭 같은 곳은 물론 없었다.

인간들의 빽빽한 지붕과 울긋불긋한 네온사인에 다 뜯어먹힌 산등성이 위로 인수봉이 간신히 남아있는 동네에 불쑥 솟아난 아파트. 우리집 베란다 앞으로 가엾은 새가 날아간다. 정말 하늘 속이구나…. 밤에 자려고 자리에 누우면, 이 아파트 무너지지 않을까 하는 멍청한 생각에 시달렸는데 멍청해진 것은 나만이 아니었다.

바닥에 내려가자면 이상한 상자 속에 들어가 한참을 갇혀있어야 하고 내려가보았자 흙이 아니라 그냥 '바닥'일 뿐인 곳에 왔으니 개도 자연 하늘 속에서만 살게 되었다. 개는 베란다 창가에 앉아 멀거니 밖만 쳐다보고 있었다. 때로는 베란다 문 틈에 코를 처박고 킁킁킁, 바람 냄새를 맡곤 했다.

봄이었지만 도무지 푸른 것이 눈에 보이지 않는 동네였다. 나는 '하늘꽃밭'을 만들기로 했다. 흙이 귀할 것을 예상하고 5층 아파트에서 포대자루 속에 담아왔던 흙을 화분에 옮겨 담고는 조롱박과 봉선화 모종을 심었다. 베란다 한켠에 기운 없이 놓인 올망졸망한 장독 옆에도 분

꽃과 접시꽃 모종을 두었다. 개는 흙 냄새가 좋은지 내 옆에 가만히 앉아서 새싹들을 열심히 쳐다보고 있었다.

한데, 어느날 외출하고 돌아와보니 베란다와 거실이 온통 흙바닥이었다. 아, 그 개차반 개가 내 하늘꽃밭을 몽땅 파 뒤집어놓은 거였다. 열이 뻗친 나는 개를 힘껏 쥐어팼는데 개는 도망도 가지 않고 킹킹대며 어린애처럼 내게 달려들었다. 에고, 어쩌겠느냐. 네놈도 흙이 그리웠던 모양인걸.

요즘 들어 개가 바짝 내 꽁무니만 따라다닌다. 화장실 앞에까지 와서 나를 기다리는 청승을 떤다. 에이그, 이 화상아, 너도 갇혀 사니 애착이 강해지는 모양이구나. 네 집착도 부처가 되어야 할 만큼 그리 애처로운 게냐.

나는 배를 바닥에 찰싹 붙이고 꼬리를 쳐대는 개를 그만 쓰다듬고 말았다. 그랬더니 이 개가 기가 등등해져 갑자기 뒷걸음치며 나를 보고 컹컹 짖어댄다. 밖으로 나가자는 표시였다. 그래, 내려가자, 바닥에 가자. 나는 개의 목에 줄을 매고 상자 속에 들어갔다. 한참이나 내려간다. 문이 열리자 개는 총알같이 튀어나간다. 바닥에서 올려다보니 아파트가 정말 굉장하다. 한숨이 나오는데 녀석은 씨근대며 나를 끌고 거대한 기둥 밑에 때처럼 끼어 있는 잔디밭을 찾아다닌다.

며칠 전 비 덕분인가. 지난 겨울에 심은 잔디일 터인데 제법 푸릇푸릇 새 풀이 돋고 황새냉이도 피었다. 개가 한쪽 다리를 들더니 새끼줄이 감겨있는 나무 곁에 찍 오줌 한줄기 갈긴다. 그 나무를 올려다보니 산수유, 노란빛도 화안한 산수유가 몇 송이 피어있다. 아, 바벨탑 사이에서도 산수유가 피는구나….

개도 나무를 쳐다보고 코를 벌름벌름하고 볼따귀를 불룩불룩 움직인다. 구름아, 너 꽃이 좋으니, 나도 꽃이 좋아. 나는 조카가 이 우악스런 개에게 붙여놓은 구름이란 이름이 새삼 사랑스러웠다.

등에

입춘 축제

부천 아파트 근처 개발제한구역에 매일처럼 사진 찍으러 다니곤 하던 때가 있었다. 그곳에선 사람들의 쓰레기에 시달리면서도 이런저런 풀꽃들이 피어나고 장마 때는 맹꽁이가 울기도 했다. 풀꽃과 작은 짐승들이 사라지는 계절이면 나는 새들을 찾아다녔다. 내 이백 밀리 사진기로 새를 찍어보겠다는 건 엉뚱한 욕심이긴 해도, 황량한 겨울숲에서 조금도 위축되지 않고 재잘거리는 조그만 산새들은 그냥 바라만 보아도 좋았다. 그렇게 그 새들을 보고 있노라면 왠지 나 자신 살아있음에 가슴이 찡해 오기도 하는 것이었다.

그곳엔 새들이 모여드는 비밀의 장소가 있었다. 사람들이 끊이지 않는 약수터에서도 웬만큼 떨어져 있는 데다 옛무덤 덕에 나무들이 조금씩 물러서 있어 아늑한 빈 터가 생긴 곳이었다. 그날은 유난히도 새가 많이 모여있었다. 곤줄박이, 박새, 쇠박새, 쑥새, 직박구리…. 조잘대는 새, 깃털 고르는 새, 무언가를 콕콕 쪼아보는 새, 겨울나무 사이로 넘나들며 쫓고 쫓기는 새, 무어라 무어라 서로 화답하는 새, 찍 똥싸는 새. 모두들 먹을 만큼 먹은 겐지 새들은 먹이찾기보다는 갖가지 놀이에 더 열중하고 있다. 이 세계에 하늘을 날 수 있는 새로 태어났음을 맘껏 즐거워하고 있는 게였다. 옛무덤은 편안하게 봉분을 잃어가고 동그마한 새들의 광장은 겨울 창가에 만들어진 햇살 무늬처럼 화안했다. 그러고 보니 입춘이었다. 그렇구나, 새들은 추운 겨울을 또 한번 치러낸 서로를 칭찬하며 따스한 날이 머지 않음을 기뻐하고 있는 것이다. 새들의 축제를 가만히 엿보고 있노라니 나도 그네의 일원이 되어 천의무봉의 행복 속으로 흘러들어가고 싶어졌다. 그리고 그날, 내 사진기는 처음으로 새 사진을 얻을 수 있었다.

푸른별의 일원으로

봄이 한창인 풀밭에서 풀꽃을 찍느라 정신을 빼고 있는데 어떤 놈이 내 종아리를 깨문다. 사진기 파인더에서 눈을 떼기 싫어 자세를 바꾸지 않고 다리만 흔들었더니 그놈이 꿈쩍도 하지 않고 계속 빨아댄다. 이번엔 다른 쪽 다리로 따가운 부위를 비볐다. 그래도 마찬가지다. 더 따갑다. 하는 수 없이 카메라에서 눈을 떼고 발을 쿵쿵 굴러본다. 소용없다. 아니 이놈이. 드디어 카메라에서 손까지 떼고 바짓가랑이를 냅다 내리쳤더니 그제야 떨어진다. 그런데 뒤돌아서는 찰나 다시 들러붙는다. 이게, 정말. 사진 찍기를 잠시 중단하고 그 독한 놈의 정체를 살폈더니 눈알이 화등잔만한 녹두색 등에다. 과연 등에답다. 그놈은 나의 전면 공격에 겨우 물러서 멀리 날아가버렸다. 어휴 따가워. 망할 놈, 악질, 그렇게 투덜대며 가방에서 물약을 꺼내 종아리에 문지르고 있는데 갑자기 내 몸뚱이도 어느 목숨붙이인가의 먹이가 된다는 사실이 떠올랐다.

우리 사람들이 남의 살, 남의 몸을 맛있게 먹고 있으니 사람 몸도 어느 누군가에게 맛있는 먹이가 되는 건 지극히 자연스런 일인 게다. 그런데 우리는 사람 몸이 먹이가 된다는 사실에 엄청난 저항감을 느끼는 것이다. 식인상어니 뭐니, 영화나 소설에 등장하는 것들은 영락없이 죄값을 치러 파멸하고, 사람 몸에서 피 한 방울 먹자 하는 물것에게도 우리는 살충제를 뿌려대며 과잉 복수를 한다.

등에는 내 종아리의 피를 한끼 식사로 삼았다. 그것은 등에가 '인간'이라는 진화상의 순서나 '글나부랭이 쓰는 여자'라는 허울 혹은 주민증이 증명하는 신분 등등 나의 '치장'에 전혀 속지 않고 나를 그저 이 푸른별의 일원, 서로서로 먹이가 되어주는 그런 평등한 일원으로 대접했다는 뜻이었다. 나는 입춘 축제를 벌이던 새들이 생각났다. 등에 덕분에 나는 어쩌면 그 새들의 축제에 출입증을 얻게 될지도 모르는 노릇이었다.

4 캄보디아 여행기

캄보디아 여행기

두 나라의 현대사에 얻어맞은 첫날

충격의 연속이었다. 그것도 여정의 나날에 따라 충격은 점점더 커져갔다. 참으로 일생 잊지 못할 여행이었다.

캄보디아 프놈펜으로 가는 길에 베트남 호치민시티에 들러 우선 구찌 땅굴을 찾아갔다. 총길이가 서울 대전 간의 왕복거리와 맞먹는다는 구찌 땅굴은 그 일부가 관광객들에게 개방되어 있다. 베트남전쟁의 유가족이라는 안내인을 따라 그 중에서도 몇 군데에만 기어들어갔던 나는 땀범벅에 숨이 막혔다.

양 어깨가 꽉 차는 땅굴 속에서 허리를 90도로 꺾고도 천장에 머리를 몇번 부딪쳤다. 이런 통로로 이어진 땅 속엔 작전참모본부는 물론 병원·시장·공연장에 우물·부엌 등 땅 위의 세계와 똑같이 사람이 먹고 자고 사는 데 그리고 싸우는 데 필요한 모든 시설이 갖추어져 있었다

한다.

이 땅굴은 호미와 삼태기로 만들어냈다. 마치 벽돌처럼 단단한 이 고장 특유의 흙을 호미로 파내어 삼태기에 담아서는 사이공 강에 몰래 버렸다 한다. 이 난공불락의 땅굴은 베트남 인민의 용기와 투지 그리고 그 자연이 어우러져 만들어낸 합작품인 것이다.

미군은 이 땅굴의 존재를 알고도 끝끝내 토벌하지 못했다. 미군 육군본부의 코앞에 위치한 이 땅굴을 지도로 살펴보니 오히려 미군의 육군본부가 베트콩들에게 포위되어 있는 형국이다. 게다가 육군본부 밑으로도 땅굴이 있었는데 미국은 베트남에서 쫓겨간 후에야 그 사실을 알았다 한다.

이런 싸움이라면 애당초 미군은 이길 수 없게 되어있었다. 구찌 땅굴엔 미국인들이 많이 찾아와 있었다. 관광객들 중엔 미군 군복을 입은 월남 참전 군인도 있었다. 이들은 무언가 배우기 위해 이곳을 찾아온 것일까. 아니면 이번엔 무력 대신 경제력을 앞세워 다시 한번 꿈을 꾸고 있는 것일까.

전쟁범죄박물관엔 고엽제에 의한 기형 태아가 포르말린병에 담겨있었다. 고엽제에 노출된 미군 아버지에게서 태어난 미국의 기형 어린이 사진도 있다. 이곳에선 이미 많이 보아온 미국의 민간인 학살 사진보다 우리나라도 그 피해자를 안고 있는 고엽제 고발 사진이 더 충격을 준다.

이런 전쟁범죄에 우리나라도 가담했었다는 죄책감과 그 끔찍한 전쟁을 이겨낸 베트남 사람들을 존중하고 싶다는 마음으로 시작된 여행이라 어딘지 모르게 행동을 조신하게 할 수밖에 없었다. 현지 안내인의 설명에 따르면 베트남 사람들은 한국의 참전에 대해 그다지 적개심을 가지고 있지 않다고 했다. 그들은 한국도 그때는 미국의 강력한 영향 밑에 있었으므로 참전을 거부할 수 없었으리라고 여긴다는 것이었다. 베트남 사람들의 그런 이해는 우리를 오히려 수치스럽게 한다. 우리는 스스로의 과오를 책임질 만큼의 주권도 없었던 나라였던가. 그러나 관광지에서 만난 베트남 사람들은 지금껏 한국에 대해 이런저런 생각을 하고 있기보다는 한국인들에게 물건을 파는 일에 온통 정신을 쏟고 있는 듯했다.

차 속에서 바라보는 베트남의 농촌은 아름다웠다. 간혹 프랑스 식민지시대의 건물인 듯한 커다란 집도 있었지만 대부분은 방 두세 개 정도의 자그만 흙벽돌집이었다. 그 벽돌과 황토색 기와가 썩 어울렸다. 부겐베리아가 피어있고 그 곁에 물소가 누워있다. 물소는 우리네 소처럼 황톳빛도 있고 흰빛도 있다. 등에 혹이 달린 물소도 있다. 뿔이 시원스럽다. 베트남 땅엔 역시 물소가 어울린다. 이런 풍경 속에 우리나라 누렁소가 있다면 어딘지 갑갑해 보일 것 같다. 그러나 이런 아름다움을 즐기는 것도 잠깐 온통 휘날리고 있는 비닐조각들을 보면 마음이 무거워진다. 동네 상점에도 유달리 색깔이 알록달록한 각종 플라스틱 생활도구들이 즐비하게 늘어서 있다. 생활수준은 우리나라 60년대와 비슷하다 해도 이 비닐문제는 이미 80년대 수준이다. 미군들과 싸울 때 죽창 끝에 독성이 강한 물소 똥을 발랐다든지 갈대 대롱을 이용해 물속에 잠수했다든지 하던 지혜로움은 이제 쓸모가 없어진 것인가. 비닐조각이 사정없이 날리는 밭 한가운데 우두커니 서 있는 물소가 애처로웠다.

비닐만 문제가 아닌 것 같았다. 베트남 지사에서 일하는 어떤 한국인은 "베트남전쟁보다 더 힘들다"고 털어놓는다. 위로는 관리들의 부패로부터 아래로는 무책임한 현지인까지 "밤새도록 이야기해도 모자란다"는 것이다. 너무도 오랫동안 전쟁 이외의 일을 해본 적이 없는 베트남 남성들은 세계 최대의 강국을 이겼다는 자부심이 지나쳐 절대 자신의 잘못을 인정하지 않으며 외국인에겐 무슨 일을 해도 좋다는 식인 데다 고위관리들이 누리는 특혜는 대단하다고 이 한국인은 고개를 흔든다. 그 사람이 빌려 쓰고 있는 주택은 세계적으로도 비싸기로 유명한 도쿄의 집세에 버금가는데 집주인이 고위관리라 했다.

길거리엔 양담배니 미제 껌을 파는 간이 판매대가 종종 보인다. 이 판매대를 지키고 있는 사람들은 대부분 어린애를 안고 있는 여자이거나 아니면 어린이들이었다. 호텔 앞에서 구걸하는 이들도 모두가 여자들이다. 현지 안내인의 말도 지금 베트남의 살림을 꾸리고 있는 이들은 여자들이라고 한다. 구걸부터 공장일까지 여자들이 도맡아 한다는 것이다. 남자들은? 물론 우선은 일자리가 없으니 일하기도 어렵겠으나 총을 놓고 나니 무얼 해야 할지 몰라 그늘에서 빈둥대거나 아니면 두세 명의 아내를 두고 그저 이 집 저 집에서 지낸다는 설명이다.

산에 오를 때보다 산에서 내려올 때 더 힘이 들듯이 혁명보다는 혁명 후가 더 문제인 게다. 인간사에 그 언제가 '그날'이던가. 혁명도 예언도 '그날'을 가져오지는 않는다. 우리는 다만 자신을 돌아보고 또 돌아볼 뿐이다. 나는 관공서에서 아름다운 아오자이 모습으로 일하고 있는 베트남 여성들을 보면서 그들의 앞날이 희망적이기를 진심으로 빌었다.

여행은 물론 즐거움만을 위한 것은 아니지만 이번 여행은 처음부터 깊은 숨만 들이키게 한다. 강렬한 햇빛에 얼굴을 일그러뜨리며 나는 캄보디아 프놈펜을 향해 비행기에 올랐다.

일년 내내 꽃이 핀다는 만년화는 요염한 향기를 뿜고, 타오르는 듯한 부겐베리아의 붉은 꽃이 흐드러진 프놈펜의 거리. 내전 전에는 분명 아름다웠을 도시. 그러나 지금 이 꽃들은 비포장도로를 달리는 일제 중고 오토바이가 일으키는 먼지를 희뿌옇게 뒤집어쓰고 있다. 거리에는 자동차가 귀하건만 매연으로 걸어다니기 힘들 정도다. 고물 오토바이의 공기오염 능력은 참으로 대단했다.

시내 중심가도 중앙도로만 포장되어 있을 뿐 뒷길은 거의 비포장이다. 캄보디아에 와보니 베트남이 무척 부자나라 같고 베트남 거리를 달리던 오토바이와 택시도 꽤 괜찮았다고 생각될 정도로 캄보디아의 거리는 황폐해 있었다.

흙먼지와 매연 속에서 아이들이 이른 아침부터 학교에 가고 있다. 묵고 있던 호텔 앞에 마침 초등학교가 하나 있어 둘러보고 싶었다. 사우스 코리아라고 해도 못 알아듣던 교사들은 꼬레라 하자 알아들었지만 학교 견학을 허락해주지는 않았다. 친절하고 순박한 얼굴을 하고 있는 교사들은 자신의 가난한 생도들을 낯모르는 외국인에게 구경거리로 삼게 하고 싶지 않았던 모양이었다. 그 사람들의 그 자존심을 보자니 우리가 괜히 무례한 요구를 했다 싶어 미안했다.

베트남의 아이들도 그랬지만 이곳 아이들도 역시 하나같이 어여쁘다. 현지 안내인이 "구걸하는 아이들의 눈을 쳐다보지 말라"고 충고할 정도로 이곳 아이들의 눈은 맑고 무언가 호소하는 듯하다. 그러나 왜 그 아름다운 눈매가 구걸의 수단으로나 취급되어야 한단 말인가.

툴슬랭 박물관으로 향했다. 폴포트 정권이 학교였던 건물을 감옥으로 급조한 이곳은 당시의 모습 그대로 박물관으로 쓰이고 있었다. 여기서 처형된 사람은 현재 집계된 숫자만 1만4천5백명, 그 중엔 2천명의 어린이가 포함된다.

1978년 베트남군이 프놈펜으로 진격해왔을 때, 이곳 간수들은 수많은 시체와 고문도구를 미처 처리하지 못하고 그대로 도망갔다. 그 수용소에서 살아남은 유일한 생존자의 증언으로 그렸다는 고문과 학살의 그림들, 물통에 처박고 채찍을 휘두르고 손톱을 잡아빼고… 그 중에서도 아이들을 나무에 패대기쳐 죽이는 광경은 차마 차마 믿고 싶지 않았다.

감방의 벽돌 칸막이조차 허겁지겁 쌓아야 했을 만큼 수용인이 나날이 넘쳤는지 금방이라도 무너질 듯 기우뚱 서 있는 칸막이 아래 발목에 채웠던 차꼬와 오물통인 듯한 깡통 하나가 보인다.

수용소의 벽마다 수용되었던 사람들의 사진이 빽빽하다. 폴포트 정권이 그들을 수용하기 전에 찍었던 사진으로 소년과 어린아이들, 아이를 안은 여자들도 있다.

저들이 저질렀다는 죄는 대체 무엇인가. "채찍을 맞거나 전기고문 당할 때 소리지르지 말 것. 혁명의 필요성에 대해 왈가왈부하지 말 것…" 폴포트 정권이 수용자들에게 요구했던 '안전수칙'도 걸려있다.

전시실의 마지막 방. 사람의 해골로 짜맞춘 캄보디아 지도가 보이고 이웃고 받침대에서 끌어내려져 감옥 바닥에 내동댕이쳐진 폴포트의 동상들로 박물관의 전시는 끝난다.

떠받들고 찬양하기 위한 동상. 그런 것은 결코 함부로 만들 것도 아니거늘, 하물며 숭배받는 자가 살아생전에 만들어진 그런 동상들이야 종국엔 이렇게 감옥 바닥에 내동댕이쳐지도록 운명지어져 있는 법이다. 세계 곳곳에서 얼마나 많은 동상들이 세워졌고 또 얼마나 많은 것들이 부서졌던가. 사람이란 그렇듯 우상을 섬기지 않고는 견디지 못하는 존재인가.

'킬링필드'로 널리 알려진 쯔응아익으로 향했다. 수용소의 사람들은 프놈펜 남쪽 12킬로미터 지점인 이곳까지 걸어서 끌려와 폴포트 정권에게 집단으로 학살되었다. 지금은 이 학살의 현장에 추모탑 하나가 덩그러니 서 있고 입구에는 관광객들을 위한 기념품 가게가 있다. 기념품은 물론 이 비극과는 전혀 관계없는 잡다한 모조 골동품들이었다.

주위에서 발굴된 약 8,000기의 해골이 진열되어 있는 추모탑. 향도 준비하지 못했던 나는 탑 앞에 그저 두 손을 모을 수밖에 없었다. 추모탑 뒤편엔 유골을 발굴해낸 커다란 구덩이들이 수없이 패어 있다. 이곳에선 총으로 사람을 죽인 게 아니라 찌르고 패고 쳐서 죽였다 한다.

가장자리가 톱니 모양으로 날카롭게 갈라져있는 야자 잎사귀 줄기도 사람 목을 자르는 무기였다. 젊은 캄보디아 안내인의 말에 문득 내가 밟고 선 땅을 내려다보니 온통 희끗희끗, 인골조각이다. 간혹 비닐조각처럼 말라비틀어진 옷조각들도 땅 위로 삐쭉 솟아있다.

수용소의 그림을 증언이나 하듯 아이들을 태질해 죽였다는 커다란 나무 하나가 둥치 가운데 시커먼 상처를 안고 서 있다.

아열대 건기의 하늘은 끝간 줄 모르게 푸르고 태양은 머리 위에서 무섭게 내리꽂힌다. 학살의 웅덩이 속엔 잡초의 꽃이 처연하고 귓가엔 끝없이 잉잉대는 들새의 울음. 무슨 말이 나오겠는가, 나는 그저 눈물을 흘린다.

베트남에선 '제국주의자'의 범죄가 질펀하더니 국경 바로 건너 이곳엔 '공산주의자'의 범죄가 선연하다.

미국의 사주를 받아 쿠데타를 일으켜 좌파 성향을 보이던 시아누크 국왕을 쫓아낸 론놀의 부패가 극에 달했을 때 민중의 환호 속에 그를 축출했던 폴포트 정권은 어째서 학살집단으로 전락하고 만 것일까. 무슨 증오심이 7백만 인구 중 1백만이 넘는 사람을 죽이게 한 것일까.

론놀 정권의 앞잡이를 처형한다는 명분으로 시작된 피의 숙청은 지식인, 안경 쓴 사람, 손바닥이 연한 사람과 그 아내와 아이들의 학살로까지 이어졌다. (안내인의 말에 의하면 지금 캄보디아의 발전을 방해하는 최대의 걸림돌은 인재의 부족이라 한다.)

폴포트, 그는 '부르주아'의 씨를 말리면 혁명의 이상이 완성된다고 믿었던 것일까. 사람 사는 일이 사람 죽여 치우는 '간단 확실한' 방법으로 해결된다면야 애초에 사람의 역사에 무슨 문제가 있었으리.

나는 죽음을 두려워 않는 강철 같은 신념이니, 단순명쾌한 논리니 하는 것을 더이상 신뢰하지 않는다. 끊임없는 자기반성과 겸허한 두려움을 수반하지 않는 확고부동함이란 이미 속임수이고 괴기스런 아집일 뿐이다.

타고 온 버스로 돌아오니 역시 아이들이 잔뜩 몰려있다. 대부분이 맨발이고 아이가 아이를 안고 있다. 베트남에서나 캄보디아에서나 우리 뒤를 따라다니는 아이들에게 항상 뒤가 켕긴다. 과거 우리 모습이 거기 있는데 왠지 관광이랍시고 나다니는 우리가 무언가 배신자가 된 느낌이 들고 지난날 우리가 소위 '잘사는 나라 사람들'에 대해 느꼈던 선망과 비굴함 혹은 적개심의 미묘한 감정을 생각하면 뒤통수가 따갑다.

베트남과 캄보디아의 현대사에 얻어맞아 얼얼해진 나는 마지막 목적지 앙코르 지역을 향해 비행기에 올랐다.

400년을 밀림 속에 숨어있던 잊혀진 신의 도시 앙코르는 또 충격을 감추고 있을까. 발 아래는 어딜 보아도 평지, 푸른 것은 여기저기 흩어져 있을 뿐 온통 갈색이다. 비밀의 도시는 이 메마른 땅 어디에 숨어있는 것일까.

저녁을 먹고 서편 하늘이 가뭇해질 무렵 드디어 앙코르 지역으로 향했다. 오늘 저녁은 우선 '앙코르 톰'에 간다. 12세기 크메르 제국의 자야바르만 7세가 세웠다는 신도시 앙코르 톰은 서울의 3분의 2 크기인 앙코르 지역 여기저기 흩어져 있는 유적들 중에서 가장 불교적인 색채가 강한 곳이다.

호텔 구역을 벗어나 앙코르 유적지 경내에 들어서면서 나는 나이먹은 나무들 사이로 몸이 빨려들어가는 듯한 느낌을 강하게 받았다. 왜일까. 무언가 나를 부르고 있는 듯하다.

이윽고 앙코르 톰의 남쪽 문이 보이기 시작한다. 아아, 거대한 신의 머리가 얹혀진 육중한 돌문에서 단숨에 끼쳐오는 난생처음의 신비한 감동. 문 양쪽엔 나가신(힌두교 물의 신으로 머리가 일곱인 코브라)의 기다란 꼬리를 받치고 있는 108명의 선신과 악신.

첫 감동을 미처 가누기도 전에 그 문을 통과하니 이번엔 온몸이 철렁 내려앉는다. 바이욘 사원. 54개의 탑 사방엔 아바로키테스바라신(보살)의 얼굴이 조각되어 216개의 거대한 바위얼굴은 그대로 하나하나가 돌산으로 솟아있다.

이제 막 어둠에 잠기어가는 하늘 밑에서 침묵한 얼굴, 얼굴, 얼굴이 나를 주시한다.

눈을 들어 위를 보아도 옆으로 돌려도 온통 돌의 산, 산. 그것을 둘러싼 검은 숲에선 모습을 나타내지 않는 새가 날카로운 울음을 끝없이 토해낸다. 이 자리에 이렇게 조금만 더 서 있으면 그대로 강신(降神)해버릴 것만 같다.

도대체 종교란 무엇이기에 저러한 사원들을 탄생시키는가. 나는 그날 밤 도무지 입을 열 수가 없었다.

'앙코르 톰', 그 영광으로 스스로 몰락의 길을 만든 건축물

다음날 우리는 두번째로 '앙코르 톰'을 찾아갔다.

한 변의 길이가 3킬로미터인 정사각형 모양의 이 신도시 맨 가운데에는 '바이욘 사원'이 솟아있다. 이곳엔 사원뿐 아니라 '코끼리 테라스'니 '문둥이왕 테라스'니 하는 이름이 붙여진 궁전터도 남아있는데, 크메르 왕들은 신전만 돌이나 벽돌로 짓고 궁전은 대부분 나무로 지어

지금은 이렇게 기초만 남아있다.

코끼리 테라스는 거의 실물 크기의 코끼리 부조 때문에 붙여진 이름이고, 문둥이왕 테라스는 미로 형태로 되어있는데 자야바르만 7세가 문둥이였다는 설에 따라 붙여진 이름이다. 실제로 이곳엔 문둥병으로 얼굴이 일그러져가는 모습의 부조가 있다.

바이욘 사원의 부조들은 사원의 부조라기보다는 역사 기록에 더 가깝다.

자야바르만 7세의 승전 모습 — 코끼리를 타고 있는 왕, 목이 밧줄에 묶여 끌려오는 노예들, 가지각색 복장의 군사들 — 이 있는가 하면, 시장에서 쌀을 사고 닭싸움 하는 보통사람들의 일상도 보인다. 힌두교 천녀(天女) 압사라가 춤을 추는 부조도 있다.

그러나 사원 내부를 둘러보고 그 꼭대기까지 오르자 지난 밤 엄습해오던 종교적 경외감은 조금씩 엷어져갔다. 신들의 거처인 메루산을 상징한다는 바이욘 사원 꼭대기, 거대한 바위얼굴에 가까이 다가설수록 이 사원은 힌두신을 위한 것도 부처를 위한 것도 아닌, 바로 자야바르만 7세 자신을 위한 건축물임이 느껴졌기 때문이다.

전날의 주술에서 조금 깨어나니 보다 현실적인 의문이 생긴다. 크메르 제국은 어떤 부를 축적하였기에 이런 거대한 건축물들을 지을 수 있었을까. 또 이토록 거대한 도시가 어떻게 해서 400년 동안이나 잊혀져 있을 수가 있었단 말인가.

크메르 제국은 9세기에서 13세기에 걸쳐 지금의 태국 라오스 베트남 미얀마 일대를 지배하던 인도차이나 최대의 강국이었다. 학자들은 크메르 제국을 '수리(水利) 도시'라고 부른다. 메마른 땅 앙코르에 부를 안겨준 비밀은 바로 수리시설이었다.

크메르인들은 근처에 있는 바다 같은 호수 통레삽 — 이 호수의 크기는 건기에도 서울의 다섯배이고 우기에는 무려 열배가 된다고 한다 — 에서 운하로 물을 끌어들였다. 덕분에 건기에도 1~2회 벼농사가 가능했다.

그러나 이런 수리시설의 유지와 수선에는 일사불란한 절대권력이 필수적이었다. 크메르의 왕은 그 스스로가 힌두의 신과 동일시되는 신왕(神王)이었고 죽어서는 신이 되었다. 생전의 왕이 신과 연결되는 장소가 바로 여러 사원들이다. 앙코르의 사원은 대중이 참배하는 곳이 아니라 이렇게 왕과 승려만이 출입하는 '국가 사원'이었다.

앙코르의 유적들은 석조건물의 규모도 놀랍지만 그것보다 사람들을 지치도록 놀라게 하는 것은 건물 전체에 새겨져 있는 정교한 부조들이다. 사람의 발이 지나는 부분만을 제외하고는 온통 조각 투성이, 건축물 자체가 조각 덩어리라고 할 만하다.

화강암에 새겨진 우리나라 부조들과는 달리 이 사암(沙岩) 조각들은 하도 치밀하고 정교해서 마치 기계로 판 것 같은 느낌조차 드는데 부조의 얼굴 표정이나 몸 동작은 하나하나가 다르게 되어있다. 바이욘 사원의 호화스러움은 여기에 그치지 않았다.

지금도 사파이어나 루비 등의 보석과 은의 산지로 유명한 캄보디아이니만큼, 이 사원 내부엔 각종 보석을 박아넣은 커다란 은판이 군데군데 장식되어 있었으며 탑 꼭대기는 금으로 치장되어 있었다 한다. (그래서 바이욘 사원은 '금탑'이라고도 불렸다.) 1296~7년 사이에 크메르에 왔던 중국사절 수행원 주달관(周達觀)은 〈크메르 제국 풍토기〉에 크메르 사원의 화려함을 기록해놓고 있다.

그러나 방대한 수리시설 위에 쌓아올린 크메르의 부는 극을 다한 호화로움과 막대한 토목공사로 바닥이 나기 시작하였다.

게다가 왕위계승 법칙이 확고하게 서 있지 않아 왕족들 사이의 잦은 정변이 일어나 제국의 몰락을 더욱 재촉했다. 이 틈에 베트남 남부에 있던 참파 왕국이 침범해왔다. 이렇게 혼란에 빠진 제국을 다시 한번 일으키고자 했던 왕이 바로 앙코르 톰을 건설한 자야바르만 7세였다.

그는 종래의 힌두교 대신 대승불교를 받아들여 제국에 새바람을 불어넣고자 애썼으나 이미 크메르의 영광은 끝나가고 있었다. 태국과 베트남 등 외국의 잦은 침략으로 왕이 피해 다니기 시작하자 크메르 제국의 젖줄인 수리시설은 관리 부실로 여기저기 파괴되어갔다. 버려지는 땅도 늘어났다.

한때 인구 1백만을 자랑하던 앙코르는 좁아진 농토에 집약적 농업을 할 수밖에 없었고, 그 때문에 땅은 더욱 수탈당해 수확은 형편없이 줄어들었다. 게다가 곳곳이 막혀 웅덩이로 변한 수로에서는 모기가 생겨나 말라리아가 창궐했다. (역사가들은 앙코르 제국에게 최후의 일격을 가한 것은 이런 전염병이 아닌가 추측한다.)

15세기 중반 크메르인들이 방어에 유리한 프놈펜으로 옮겨가면서 앙코르는 야생동물들의 놀이터로 버려진 채 400년 동안 잊혀지게 된다. 줄곧 내분과 외적의 침입에 시달리던 크메르 제국은 1863년에 상륙한 프랑스에 의해 1884년 강제합방을 당한다.

소위 세계 몇대 불가사의라는 구조물이나 건축물들 — 끝을 모르는 인간의 욕망으로 빚어져 꾀바른 20세기의 인간들에게조차 '불가사의' 라고 불리는 것들 — 이 결국은 그 '영광'으로 스스로 몰락의 길을 만들어냈음은 이렇게 크메르의 역사에서도 생생하다.

그렇게 극을 다한 호화로움은 타인의 탐욕도 자극하게 되는 것일까. 앙코르 유적을 '발견'했다는 프랑스인들은 수치심도 없이 그것을 약탈했다.

앙코르 유적은 1860년 프랑스 여행가 앙리 무오에게 발견되었는데, 1873년 델라포르트가 이끈 과학적 탐사팀이 처음으로 조사사업을 벌인 뒤 약 70여점의 조각과 건축물이 프랑스로 반출되어 프랑스 '인도차이나 박물관'의 기본 소장품이 되었다고 공식적인 기록은 말하고 있다.

그러나 프랑스가 반출해간 유물들이 어찌 70여점뿐이었으랴. 앙코르 일대의 유적은 이제 건축물이라는 빈 껍질만 남았다. 아니 그 껍질조차 온전치 못하다. 건물 내부의 거의 모든 조각들과 보석이 없어졌음은 물론이고 건물 외벽의 부조들까지 도려지고 오려졌다. 앙코르 톰 남문 밖의 선신과 악신 몇몇도 머리를 도둑질 당해 몸통만 남아있다.

소장품들을 반출하기 위해 또는 문 속의 부장품을 뒤지기 위해 아름다운 돌문은 허물어졌고 대충 다시 쌓아올려졌다. 그래서 조각의 짝이 제대로 맞지 않고 뒤죽박죽인 돌문도 있다. 그래도 앙코르의 유적들은 스페인인들이 화로 속에 던져 은괴 금괴로 녹여 약탈한 잉카의 아름답고 신비스런 조각들보다는 조금 나은 운명이라 해야 할까.

아무튼 프랑스인들의 앙코르 유적에 대한 탐욕은 프랑스를 대표하는 지식인의 한명으로 명성을 떨치는 앙드레 말로의 앙코르 유물 도둑질 사건에서도 생생히 볼 수 있다.

앙코르 톰 북쪽 20킬로미터 지점에 있는 '번테이 스레이'라는 사원은 그 규모는 작아도 매우 아름다운 곳이다. (그러나 유감스럽게도 이번 여행에서는 그곳을 직접 가볼 수 없었다. 아직은 지뢰나 크메르 루즈의 위험이 남아있는 곳이라 이곳에 가려면 미리 주정부의 허락을 얻고 경비원을 고용해야 하기 때문이었다.) 이곳은 왕이 아니라 승려들이 발주한 사원으로 '다바타'라는 여신을 봉안하고 있어 여인의 성채(번테이 스레이)라고 불리는데 거의 환조에 가까울 만큼 깊고 섬세한 부조로 유명하다.

1941년에서야 '발견'된 이 사원을 프랑스의 〈극동학회회보〉를 통해 알게 된 앙드레 말로는 친구 한 사람을 대동하고 번테이 스레이로 달려가 1톤 가량의 조각과 부조를 밀반출하려다 들통이 나고 말았다. 그는 캄보디아 법정에서 3년형을 선고받았으나 물론 복역하지 않았다. 그후 그는 느골 정부의 문화상(문화부장관)이 되었다.

이렇게 프랑스인들이 쓸고 간 앙코르 지역에 2차대전 중에는 일본인들이 다녀갔다. 내전 중엔 군인들이 이곳에서 전투를 벌였다. 그리고 좀도둑질 하는 국내인들도 왔다.

현재 크메르의 후손들이 박물관에 소장하고 있는 앙코르 유물들은 이러한 와중에서 천신만고 끝에 살아남은 극히 적은 분량에 불과하다. 1993년 내전이 끝나고 다시 외국인들에게 개방된 앙코르 유적들. 누구나 복구와 보존을 말하는데, 바이욘 사원을 내려오다 보니 프랑스와 일본이 복구작업을 한다고 간판을 내걸고 있었다.

현지의 한국인 안내원도 앙코르 지역이 어서 개발되어 많은 관광객들이 오기를 기대하고 있다. 그는 앙코르 지역에 대한 자부심이 대단해서 앙코르 와트 하나만으로도 캄보디아가 먹고살 수 있다고 말하고 있었다. 그러나 '개발'이라는 그 희한한 단어가 과연 내전에 지친 캄보디아 사람들에게 희망이 될 수 있을는지 걱정스럽다고 한다면 건방진 외국인의 헛소리인가.

지금 앙코르의 사원들은 크메르의 왕들의 의도와는 달리 캄보디아의 보통사람들과 잘 어울려 살고 있다. 사원 옆에 소들이 어슬렁대고 농부들은 풀을 베고 있다. 물웅덩이에서는 꼬마들이 헤엄을 친다. 저녁 노을에 신비스럽게 물들어가는 사원을 찍은 사진은 왠지 차가워 보인다. 그러나 캄보디아인들의 그을린 얼굴이 들어가 있는 사원의 사진은 훨씬 사원답다. 사원이 정말 사원이라면 구구한 소원을 비는 남녀노소의 사랑을 받는 그런 곳이어야 하지 않겠는가. 앙코르 지역이 과연 사람들의 생활과 동떨어지지 않는 살아있는 땅이 될는지 아니면 무슨 디즈니랜드 같은 것이나 들어서고 유령이나 사는 박물관처럼 될는지 호텔 앞에서 푸성귀를 팔고 있는 캄보디아 할머니들을 다시 한번 돌아보게 된다.

거대한 식인나무가 삼켜버린 타프롬 사원

사람이란 먹고 자는 곳과 곧 정이 드는 모양이다. 며칠 지나니 건기의 아열대도 다정하게 느껴진다. 밤엔 창가에서 도마뱀이 운다. 불빛에 모여드는 곤충을 노리고 벽에 붙어있는 그놈들은 "까꾸! 까꾸!" 하며 꼭 아기 어르는 소릴 낸다. 한번은 그 도마뱀 새끼를 잡았다. 거미보다 가냘퍼 마치 하루살이처럼 내 손바닥에서 뭉개져버릴 것 같았지만 천만의 말씀. 제 어미보다 날랜 솜씨로 내 손바닥에서 번개처럼 사라지고 말았다.

이른 아침 호텔 방갈로 문 앞에서 옆구리가 알록달록한 개구리를 만났다. 문 틈에 낄 것만 같아 옆으로 비키라고 등을 톡톡 쳤더니 그놈 배를 잔뜩 부풀린다.

아침밥은 언제나 죽이다. 함께 곁들여 나오는 캄보디아 푸성귀 반찬이 맛있다. 한국에 돌아가면 나도 아침엔 죽을 먹어야지 하는 생각이 들 만큼 아침식사가 즐겁다. 고슴도치도 저 닮은 새끼가 좋듯이 같은 쌀을 먹는 아시아 사람들에겐 어쩐지 편안한 친근감이 든다. 게다가 눈을 반짝이며 열심히 일하는 식당의 캄보디아 소년을 보면 기분이 좋다. 오랜 전쟁 후에도 저런 웃음을 띤 소년이 자라나기 때문에 사람들은 또 한번의 희망을 품게 되나 보다.

우리는 '통레삽 호수'로 나갔다. 크메르 제국의 어머니였던 바다 같은 호수. 지금도 메콩 강의 수위를 조절하며 여전히 사람들을 보살피고 있다.

앙코르 지역을 가로질러 흐르는 조그만 시엠립 강줄기가 호수에 이르기까지 강가에는 아기자기한 마을이 있다. 원두막처럼 생긴 집 앞에는 저마다 물레방아가 돌아간다(실은 방아가 아니고 물을 끌어올리는 수차라 한다). 아랫도리만 입은 꼬마들이 뛰어다닌다. 부유하지는 않아도 순박하고 평화로워 보이는 마을이다.

호수에 가까워지자 바닷가 포구처럼 비린내가 확 풍긴다. 게딱지 같은 수상가옥과 낡아빠진 고깃배들이 뒤엉켜 있다. 맨발로 생선포대를 나르고 있는 사람들. 이들은 베트남 수상생활자들이라고 한다. 전쟁이 끝난 지 20년 넘은 지금, 이들은 고향에 돌아가지 않고 생계가 해결되는 통레삽 호숫가에 정착했다.

사람들은 통레삽 호수의 물로 밥도 하고 설거질 하고 뒤보고 빨래하고 세수하고 목욕하고 그 물에 사는 고기를 잡아서 먹기도 하고 팔기도 한다. 물빛은 탁하고 더럽고 불길해 보이기까지 하다.

그러나 사람의 분뇨도 물고기의 밥이고 자외선이 자연소독을 하고 있으니 통레삽 호수의 물은 각종 중금속과 폐수 등으로 죽어가고 있는 우리나라의 강물보다 훨씬 건강한 물이다. 그래서 호수 가운데로 가면 물은 어느새 정화되어 사람들의 식수가 된다.

배를 빌려 호수 가운데로 나가니 제법 큰 배도 보이고(그런 배는 관공서란다) 철물점이나 맥주집도 있다. 현지 안내인의 말이 이 수상 마을은 지금 많이 좋아져 배마다 번지도 있다 한다. 그렇긴 해도 나뭇잎 같은 보트 위에서 20년 이상을 살아온 그간 삶은 어떠했을 것인가.

우리가 탄 배를 저어가는 네 형제의 모습에는 수상생활자의 고달픔이 스며있다. 막내는 일곱살이고 큰애가 열아홉이란다. 한 사람 몫을 톡톡히 하는 막내는 우리나라 유아원 아이 정도로밖엔 보이지 않는다. 아이와 손짓 발짓으로 이야기해보니 자기가 너무 일을 많이 해 키가 크지 않는다는 거였다. 배의 이물에 앉아 호수의 물결을 하염없이 바라보던 그 아이. 왜 아이의 뒷모습이 그토록 쓸쓸할까. 아이의 뒷모습이 그 눈매만큼이나 잊혀지지 않는다.

이 사람들은 배 위의 누더기 같은 집에서도 깡통 화분에 꽃을 기른다. 사람은 누구나 행복하길 원한다. 그러니 한세상 살면서 조금 더 행복해지고 싶다는 조그만 소망들로 저지른 작은 잘못들은 부디 용서될 수 있지 않겠는가.

통레삽 호수 위에는 성당이 있다. 월남의 부패한 권력자들이 신봉하던 가톨릭과 저들의 가톨릭은 어떻게 다른 걸까. 나는 그들의 앞날을 그들의 신에게 기도하면서 호수를 떠났다.

우리는 또다시 앙코르 지역으로 발길을 돌린다. 마지막 감동을 위해 앙코르 와트를 아껴두고 앙코르 톰을 벗어난 지역을 한바퀴 돈다.

'스라스랑'이라는 크메르 제국의 목욕장을 지난다. 스탠드 형태의 제방이 둘러싼 가로 300미터, 세로 700미터의 이 대형 풀장은 800년 전에 세워진 이래 한번도 물길이 끊이지 않았다. 예전엔 그 가운데 목조 사원이 있었다 하나 지금은 유실되고 초석만 남았다. 스라스랑의 푸른 물은 옛날의 영화에는 아무 관심이 없다는 듯 잔물결 하나 없이 고요하기만 하다. 그러나 그것은 곧 내게 엄습할 엄청난 충격을 대비하기 위한 고요함이었다.

그 목욕장과 그리 멀지 않은 곳에서 나는 앙코르 여행 중 가장 강렬한 인상을 받았던 '타프롬 사원'과 만났던 것이다.

자야바르만 7세가 어머니를 위해 지었다는 그 불교사원 앞에선 캄보디아 소녀들이 고유 악기에 맞추어 압사라 춤을 추고 있었다. 맨발에 먼지투성이였지만 천진한 표정으로 사원의 압사라보다 더 어여쁜 아이들. 사원 입구에서 어슬렁대는 소떼와 그 소녀들 때문에 나는 타프롬이 그처럼 엄청난 광경을 감추고 있는 곳인 줄은 깜깜 몰랐다.

사원은 허물어져가고 있었다. 아니, 구렁이 같은 나무뿌리에 칭칭 휘감겨 퀭한 눈빛으로 죽어가고 있었다.

하늘 아래 이런 나무가 있었다니. 공상과학 소설에 나오는 식인나무 — 외계로부터 지구에 쳐들어와 인간의 문명세계를 마른 흙덩이 부수듯 파괴해버리는 그런 나무 — 의 모습이 이러할까. 그 뿌리는 머리가 일곱 달린 뱀처럼 꿈틀대며 사원의 벽을 휘감고 땅으로 뻗어 바위를 녹이며 속으로 파고들었다. 줄기는 사원의 돌지붕 위에서 건조하고 뜨거운 입김을 뿜으며 하늘을 향해 아득히 뻗어올랐다.

현지 안내인은 스펑이라고 불리는 이 나무들이 자야바르만 7세가 지은 건물마다 좇아가 파괴하고 있다며 그가 전생에 무슨 크나큰 업을 지은 모양이라고 말한다.

새가 배설물과 함께 사원 지붕에 떨어뜨린 씨앗이 지붕의 흙먼지 속에 싹이 튼다. 어린 나무의 실뿌리는 흙을 찾아 벽을 타고 땅으로 내려온다. 일단 뿌리가 흙 속에 안정된 나무는 아열대의 햇빛과 비를 맞으며 400년간 거대하게 자라났다.

자야바르만 7세가 지은 건물의 석재들은 마침 싹을 틔우기에 더 좋은 조건을 갖추었기에 그의 사원에서 나무들이 더 잘 자랐다. 아마 사원을 무너뜨리고 있는 나무들을 '과학적'으로 설명하자면 이렇게 될 것이다.

그러나 내겐 이러한 '과학'보다는 현지 안내인이 말한 '전설'에 더 마음이 끌린다. 그만큼 나무들의 모습은 인간을 처벌하고 있다고밖엔 달리 표현할 수 없었다.

이 나무들은 인간의 무엇을 처벌하고 있는 것일까. 인간의 그 무엇이 업이 되었기에 이렇게 후생에까지 그 보복을 감수해야 되는 걸까. 나무들을 올려다볼수록 두렵기만 하다.

호텔에 돌아와서도 스펑 나무의 모습은 나를 놓아주지 않는다.

나무뿌리 아래 무너져가는 사원들…. 그러나 그것이 자연의 순리인 것을, 나는 왜 그것을 두렵다고만 하는가.

인간이 영원을 탐하여 스스로 신이 되고자 사력을 다해 바리바리 쌓아올린 사원도 나무뿌리 아래 허물어지고 이윽고 흙으로 되돌아간다. 이 세상 그 모든 것들 — 아무리 아름답고 견고한 사원이라 해도 — 은 한 송이 들꽃처럼 시들어 사라져간다.

사원을 쓰러뜨리고 있는 그 나무들도 언젠가는 이 순리에 따르리라. 차면 기울고 기울면 다시 차는 그 순리에. 나무들이 극적으로 보여주고 있는 세상의 순리가 그다지도 두렵기만 하니 나는 얼마나 가엾은 욕망으로 가슴을 태우며 살고 있다는 것인가.

캄보디아의 태양은 통레삽 호수의 고향 떠난 사람들 위에도, 제왕의 신전을 무너뜨리고 있는 나무들 위에도, 그리고 개구리가 숨어들어간 풀잎 위에도 똑같이 반짝이고 있었다.

너무나 화려한 사원, 너무 가난한 사람들

캄보디아 국기에는 앙코르 와트가 들어가 있다. 크메르 루즈의 국기에도 앙코르 와트가 있었다 한다. 그만큼 앙코르 와트는 캄보디아의 둘도 없는 상징인 모양이다.

12세기 전반에 소야바르만 2세가 37년에 걸려 완성하였다는 이 사원은 세계에서 가장 큰 사원이자 가장 큰 단일 건물로, 가로 1.5킬로미터 세로 1.3킬로미터의 사원을 폭 20미터의 해자가 둘러싸고 있다. 이 사원은 다른 사원과는 달리 서쪽을 향하고 있어 소야바르만 2세 사후 거처로 세워졌으리라고 추측하고 있다.

해자 위의 사암 다리를 건너 드디어 '앙코르 와트'에 다가간다.

눈앞에 펼쳐지는 앙코르 와트는 세 개의 탑을 이고 완벽한 균형을 이루고 있다. 그러나 연꽃이 피어있는 왼편의 연못에서 바라보면 뒤쪽에 숨어있던 탑 두 개가 나타나 또다른 모습을 보여준다.

다리 양쪽의 난간은 거대한 나가 신(神)의 몸통이다. 문득 다리 바닥을 내려다보니 널찍한 바윗돌들이 예리한 칼로 잘라낸 종잇장처럼 아귀가 딱딱 맞아 있다. 그것도 네모난 돌이 아니고 여러 형태의 돌을 알뜰한 조각보처럼 그렇게 맞추어놓았다.

사원의 회랑을 돌기 시작한다. 가도 가도 끝이 없는 부조의 회랑. 그만 다리가 아프다.

힌두의 세계에 대해 완전 무지한 나는 힌두교의 대서사시를 조각했다는 그 부조들에 대해 종교적 감동보다는 어떤 현기증을 느낀다.

이 사원엔 압사라 부조만 해도 2천 개에 가깝다는데 그 하나하나가 전부 모양이 다르단다.

"도대체 이 부조들을 새기느라 얼마나 많은 사람들이 일생을 바쳤을까. 그들은 이 기막힌 작업을 하면서 정말 행복했을까."

중세인들의 신심에 대해 이런 어처구니없는 의심을 품는 나는 불경스런 여자인가, 아니면 그 신심이란 걸 이해할 능력을 아예 잃어버린 경박한 현대인인가.

한층을 올라가니 '풀장'이 나타난다. 이 풀장 바닥엔 땅으로부터 물을 끌어올리던 장치가 남아있다 한다. 그곳에서 한층 더 올라간 맨 꼭대기, 높이 65미터라는 탑을 바라보니 정말 아찔하다.

계단은 거의 70~80도의 경사. 네 발로 기다시피 올라가니 이번엔 성수(聖水)를 모아두었던 풀장이 있다. 그리고 그 꼭대기 탑 어두움 속에 시바 신인지 비슈누 신인지 불타인지 커다란 입상이 있다.

호치민시티와 프놈펜의 절에 들렀을 때만 해도 나는 불교도가 많은 베트남과 캄보디아에 대한 예의와 우정의 표시로 그 부처님들께 삼배를 올렸었다. 그리고 안내인이 내어주는 연꽃잎 담겨있는 성수를 고맙게 받아 그것을 몸에 바르고 받아 마셨다. 그런데 이 거대하고 거대한 앙코르 와트의 꼭대기에선 무슨 심술이 사나워졌는지 도무지 예를 갖추고 싶은 생각이 들지 않는다.

이번 여행의 마지막 감동을 위해 아껴두었던 앙코르 와트에서 나를 흔들어댄 것은 정작 화려한 부조나 엄청난 회랑보다는 그곳에 모여든 캄보디아 사람들이었다.

아까부터 여자아이 둘이 우리 등에 대고 부채질을 하며 우리를 줄기차게 좇아다닌다. "사우스 코리아"라고 소곤대기도 하면서. 맨발에 헝클어진 머리칼이다.

이 거대한 신전에 모여있는 사람들은 대부분이 프랑스인을 비롯한 서양인들이고 동양인이라곤 일본인과 약간의 한국인이 전부이고 현지인이라곤 소소한 장사치와 걸인뿐이다.

"걸인들에게 절대로 돈을 주지 말라"는 안내인의 말이 아니더라도 "감상 섞인 개인적 동정심이 기실 무슨 도움이 되겠나" 생각했던 나였지만 그곳에 모여있는 사람들 앞을 그냥 지나치기란 정말 힘들었다.

흑단처럼 검은 피부를 한 노인이 마른 나뭇가지 같은 팔을 들어 피리를 불고 있었다. 그 피리 소리는 길고 긴 회랑을 따라 더욱더 금속성 소리로 울리며 우리 뒤를 따라다녔다.

터번을 쓰고 말없이 합장을 하고 있던 소녀는 두 발이 없었다. 1달러, 2달러짜리 물건을 들고 우리를 둘러싸는 아이들에게 안내인이 "학교에 가서 공부해"라고 했을 때 어린 소녀의 입가에 스치던 쓸쓸한 웃음….

어째서 앙코르 와트는 저리도 대단하고, 어째서 맑은 눈빛의 그 후손들은 저리도 극빈하며, 어째서 그들은 자신들을 지배하던 외국인들의 발 밑에 아직도 쪼그려 앉아있어야 하나.

끝없는 회랑에 지쳐버린 발을 질질 끌면서 사원을 빠져나온다. 사원을 숨막히게 달구고 있는 서편 햇살 속으로 걸어나오면서 뜨거운 이마를 짚는다. 아득한 현기증. "징해라, 징해라" 나는 그렇게 혼잣말을 내

뱉는다. 세상에 사람처럼 징한 게 또 있을까. 징한 앙코르 와트, 징한 킬링필드, 징한 세상살이….

한국으로 돌아가기 위해 우리는 다시 프놈펜을 거쳐 호치민시티로 가야 한다. 프놈펜에서 '실버타워'라는 왕실 사원에 들렀다. 날씨는 건기의 막바지를 향해 지글지글 타오르고 우리는 실버타워 경내에서 안내인의 설명을 듣는다. "이 사원엔 사파이어 원석 하나로 만든 부처, 황금으로 만든 부처가 있고 황금 부처님 손과 배와 이마엔 다이아몬드가 박혀있으며 사원 바닥은 순은이고 북한에서 시아누크 국왕에게 보낸 부처도 있고 …"

신을 입구에 벗어놓고 들어가니 아닌게아니라 사방이 황금 부처, 사파이어, 다이아몬드, 금, 은이다. 금붙이니 보석이니 하는 것들이란 세상에 그리 흔치 않은 것이니 사사로운 개인이 소유할 수는 없고 우리의 큰 스승이신 부처님을 장엄하는 데 쓰인다 생각하면 그럴 수도 있는 일이건만 나는 왜 또 심술이 도지는 걸까.

산골길 나무 밑 막돌 속에서 너부데데한 얼굴로 슬며시 웃음띠고 있는 못생긴 부처님을 보면 나도 모르게 절하고 싶어지는데…. 인간들이 귀하고 아름답다고 생각하는 보석들이 과연 어떻게 쓰여야 부처님이 보여주시는 진리의 아름다움을 나타낼 수 있겠는가. 아니면 금부처님에게서 그 진리의 아리따운 모습을 알아보지 못하고 껍데기를 둘러싼 황금이니 다이아몬드에 이상한 알레르기를 보이며 왈가왈부하는 나는 어쩔 수 없는 속인인가.

그러나 실버타워 앞에서 나는 예의 그 사람들을 또 만났다. 아랫도리를 벗은 사내아이가 너무도 귀여워 자꾸 쳐다보자 아이의 엄마는 이제서 겨우 걷는 그 아이를 시켜 내게 돈 달라는 시늉을 하게 했다.

서울행 비행기를 기다리는 동안 우리는 관광회사의 일정에 따라 호치민시티 '사이공 강' 위의 유람선에 올랐다. 유람선은 프랑스 식민지 시절부터 프랑스인들을 위하여 존재하였다 한다. 선착장에는 갈 곳 없는 베트남 사람들이 유람선을 바라보고 있고 어린 소녀들은 관광객들에게 꽃을 팔고 있다.

우리가 배에 막 올라타는데 '아리랑'이 흘러나온다. 알고 보니 그 배엔 무대가 꾸며져 있고 가수와 악단도 있다. 우리말고도 한국 관광객들은 얼추 좌석의 절반을 차지하고 있었다. 아리랑이 끝나고 중국 노래가 몇번 나오더니 이번엔 나도 모르는 한국 유행가가 터진다. 우아한 차림으로 고급문화를 즐기던 구대륙의 귀족들이 물러나고 이제는 신흥아시아 씩씩한 '대중'들이 '솔직한' 문화를 구가하는 시대가 되었는가.

"술잔을 높이 들고 찬찬찬, 너의 아파트, 옥경이…"

갑자기 아우성이 일어나고 화끈한 한국인들이 드디어 무대를 독차지한다.

베트남 가수들이 한국 유행가 한 곡 부를 때마다 팁이 1달러에서 5달러, 10달러, 20달러로까지 변하더니 그것도 모자라 손수 한 곡조 뽑겠다는 거였다.

누군가 한쪽 눈을 맥주병 마개로 가리고 이마에 20달러 지폐를 붙이고는 악을 쓰며 흔들어댄다. 중국인들은 아예 노래를 포기하고 한국인들만 쳐다본다. 일본인들은 없다. 이제 일인들의 관광 수준은 이런 곳이 아닌 모양이다.

공장에서 일하는 베트남 여성들의 월급이 50달러라는데 노래 몇 곡에 100달러 넘는 돈을 뿌리는 한국인들. 이것이 베트남인들에 대한 한국인의 사죄의식인가. 한달 내내 땀흘려 일해 50달러 버는 곳에서 노래 한 곡조에 팁이 20달러 생긴다면 그 누가 구태여 일하려 하겠는가. 사이공 시내의 한국인 노래방에서 여종업원을 한명 뽑는다 했더니 무려 3백명이나 모여들었다 한다.

졸부들은 이제 한국만 망쳐놓는 게 아니라 그들의 돈푼으로, 땀흘려 일하는 것을 우습게 여기는 풍조를 동남아에까지 퍼뜨리고 있다. 아니, 그 신나게 놀던 한국인들은 졸부 같지도 않았다. 그저 평범한 한국인들이었다. 한국에 비해 물가가 엄청 싼 동남아를 돌면서 보통 한국인들이 벌이는 이 모습. 자정이 훨씬 지나서야 올라탄 서울행 비행기 안에서도 영 잠이 오지 않는다.

한국에 돌아오니 굶주리고 있는 이북 아이들이 신문과 텔레비전에 나온다. 캄보디아나 베트남의 아이들보다 몇배나 더 비참한 모습으로 굶어 죽어가고 있는 아이들. 우리 아이들이 이 지경인데 나는 공연히 다른 나라 돌아다니며 값싼 동정심으로 감상에 젖었었구나 생각하니 베트남 사람들과 캄보디아 사람들에게 부끄러웠다.

며칠 지나고 나니 프놈펜 시내에 수류탄이 터졌다 하고 드디어는 제2수상 훈센이 제1수상 라나리드를 쫓아냈다는 소식이 들린다. 한때는 크메르 루즈였고 또 한때는 베트남과 가까웠다던 훈센. 그러고는 폴포트가 크메르 루즈의 법정에 섰다는 소식도 있다. 그는 완전히 노쇠한 상늙은이로 목숨을 구걸했다 한다. 백만명의 목숨을 파리 죽이듯했던 그가 며칠 남지도 않았을 자신의 목숨을 그다지도 애처로워하다니.

아아, 사람아 권력아, 징해라 징해라.

유소림 산문집
퇴곡리 반딧불이

초판 제1쇄 발행 • 2008년 8월 7일

저자 유소림
발행인 김종철
발행처 녹색평론사

주간 변홍철
제작 정수근 신상숙
편집·디자인 오은지

주소 대구시 수성구 범어4동 202-13
전화 053-742-0663, 0666
팩스 053-741-6168
홈페이지 www.greenreview.co.kr
이메일 editor@greenreview.co.kr
출판등록 1991년 9월 17일 제6-36호

값 11,000원
ISBN 978-89-90274-45-1 03810